Die Figuren beleben die Fresken im „Grab des Triclinium“ in Tarquinia, die zu Beginn des 5. Jahrhunderts v. Chr. angelegt worden sind. Sie sind nicht nur Beispiele für die eigenwilligen Bestattungsriten der Etrusker, sondern stellen auch die Lebensweise und den Reichtum der herrschenden Klasse dar.

Dank archäologisch interessierter Künstler, wie Carlo Ruspi, der in den 30er Jahren des letzten Jahrhunderts diese Nachbildungen angefertigt hat, bleibt uns ein Abbild zahlreicher Grabfresken erhalten, die inzwischen abgeblättert und manchmal endgültig verschwunden sind.

Rosa
Rosa
Rosa
chiaro
Carne da Uomo

Color di

tutto buccano
Rosa

Color di Carne chiaro
bianco

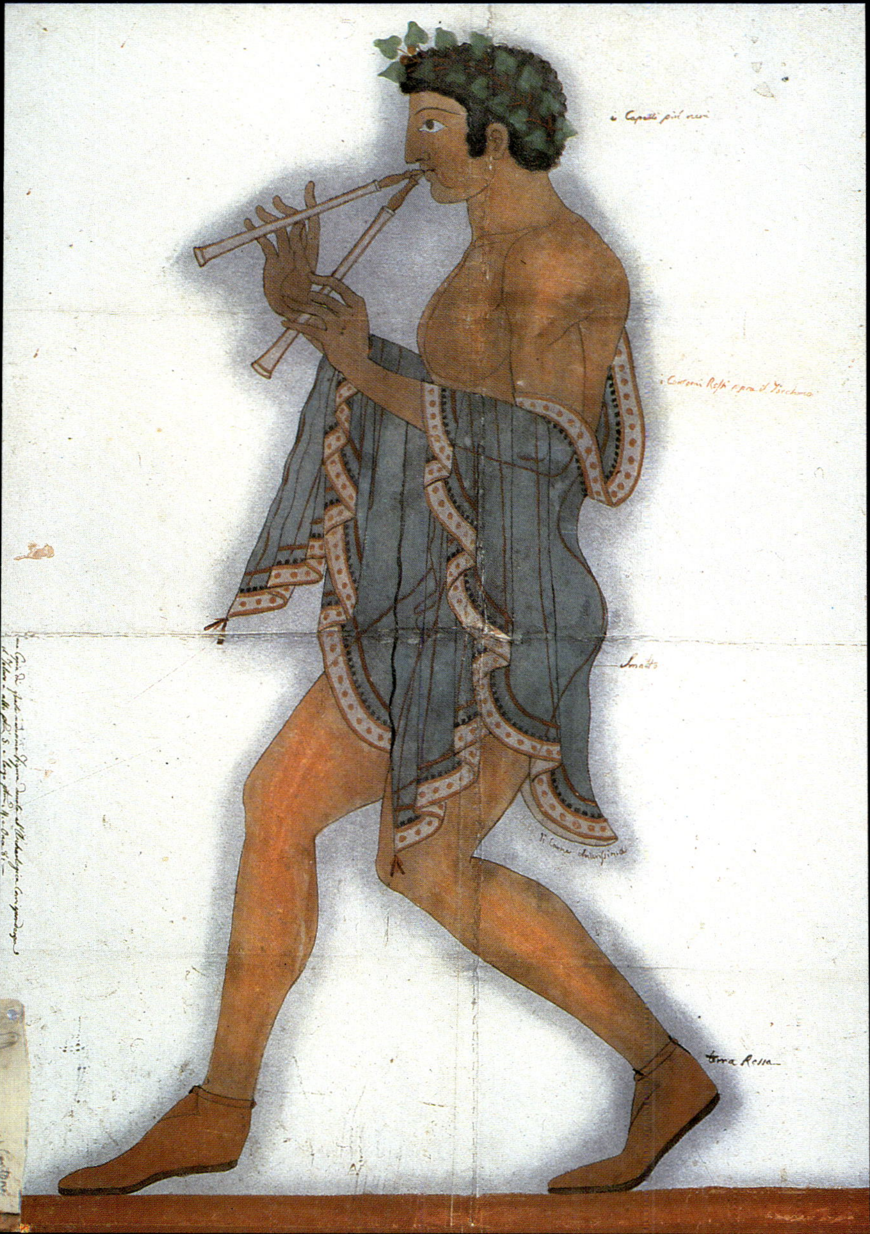
i Capelli più neri
i Contorni Rossi sopra il Turchino
Smalto
Terra Rossa

Jean-Paul Thuillier ist Professor an der Stendhal-Universität in Grenoble und Direktor für Forschung und Lehre an der Ecole normale supérieur in Paris. Als Dozent für klassische Philologie, als Etruskologe und Sporthistoriker hat er 1985 eine Dissertation über die Sportwettkämpfe der Etrusker veröffentlicht.
Seine archäologische Tätigkeit hat ihn zu Ausgrabungsstätten in Algerien (Tipasa), Tunesien (Haïdra, Karthago) und Italien (Rom und Etrurien) geführt. Er ist Mitglied des Instituts für etruskische und italische Studien in Florenz.

Deutsche Textfassung: Walburga Christine Sarcher
Wissenschaftliche Bearbeitung: Dr. Martin Bentz

Die Deutsche Bibliothek – CIP-Einheitsaufnahme

Die **Etrusker**: Pioniere Europas / Jean-Paul Thuillier [Dt. Textfassung: Walburga Chistine Sarcher. Wiss. Bearb.: Martin Bentz]. – Dt. Erstausg. – Ravensburg: Ravensburger Buchverl., 1994
(Abenteuer Geschichte; 42) (Ravensburger Taschenbuch)
Einheitssacht.: Die Etrusker <dt.>
ISBN 3-473-51042-4
NE: Thuillier, Jean-Paul; Bentz, Martin [Bearb.]; EST; 1. GT

ABENTEUER GESCHICHTE

Deutsche Erstausgabe als Ravensburger Taschenbuch

Die Originalausgabe erschien unter dem Titel
„Les Étrusques: La fin d'un mystère?"

Redaktion der deutschen Fassung: Ursula Behrendt-Roden

Satz: Eduard Weishaupt, Meckenbeuren
Printed in Italy by Soc. Editoriale Libraria

5 4 3 2 1 98 97 96 95 94

ISBN 3-473-51042-4

DIE ETRUSKER
Pioniere Europas

Jean-Paul Thuillier

Ravensburger Buchverlag

Erstes Kapitel

VON DER ETRUSKOMANIE ZUR ETRUSKOLOGIE

Als die florentinische Renaissance im 15. Jahrhundert die Etrusker wiederentdeckt, begreift sie dieses Volk zwischen Arno und Tiber als rätselhafte Vorfahren der Toskaner. So entsteht alsbald der etruskische Mythos, und es wird endlos über die Herkunft und die Sprache dieses Volkes diskutiert. Auch wenn die Etruskomanie von der Etruskologie abgelöst wurde, haben die heutigen Historiker und Archäologen immer noch Mühe, Spekulationen über diese Kultur in Grenzen zu halten.

Im 18. Jahrhundert entbehren die Ausgrabungen noch jeder wissenschaftlichen Exaktheit. Das wirklich Etruskische wird nicht immer präzise vom Griechischen oder Römischen unterschieden: Die bemalte Keramik ist hierfür ein Beispiel.

ETRVRIA
CAELI TEMPERIE
AGRORVM CVLTV
VRBIVM ET OPPIDORVM
CELEBRITATE
FREQVENTIA
INSIGNIS
LVCCA
LIVORNO
GORGONA
SIENA
MARE
TYRRHENVM

Der Schauplatz einer Kultur

Die Etrusker (lateinisch „Tusci") sind es, die der Landschaft zwischen Thyrrhenischem Meer und nördlichem Apennin ihren Namen gegeben haben. Allerdings entspricht die heutige Toskana nicht genau dem antiken Etrurien, das viel größer war, da es auch einen Teil Latiums (das rechte Ufer des Tibers hieß in Rom die „ripa etrusca") und Umbriens umfaßte. Und selbst bei diesem Gebiet handelt es sich nur allein um das eigentliche tyrrhenische Etrurien (diesmal vom griechischen „tyrrhenoi", Etrusker). Die etruskische Kultur erstreckte sich dagegen nach Norden hin über einen großen Teil der Poebene (Bologna, Mantua, Spina) und nach Süden bis hin zu einigen Gegenden Kampaniens (Pompeji, Capua, Pontecagnano).

Wie bei vielen untergegangenen Kulturen ist es auch bei der etruskischen nicht einfach, den Zeitpunkt ihres Untergangs zu bestimmen. In den heiligen Büchern, die die *disciplina etrusca* * bilden, haben die Etrusker selbst eine Lehre erarbeitet, nach der Etrurien zehn Jahrhunderte bestehen solle und jeder Übergang von einem Jahrhundert in das nächste durch ein außergewöhnliches Ereignis markiert sei.

Im augusteischen Zeitalter hätte nach den *Haruspices*, den Meistern der Wahrsagekunst, das zehnte und letzte „Jahrhundert" begonnen. Das Ende Etruriens wäre somit annähernd auf die Mitte des ersten Jahrhunderts unserer Zeitrechnung festgelegt worden.

Tatsächlich vollzieht sich aber der Untergang dieser ersten Hochkultur, die auf dem Boden Italiens entstanden ist, über einen Zeitraum von fast drei Jahrhunderten. Ein wichtiges Datum in dieser Entwicklung ist zweifellos das Jahr 265 – 264 v. Chr. Eine der letzten noch freien Städte Etruriens, Volsinii, das heutige Orvieto, fällt unter dem Ansturm der römischen Armee des Marcus Fulvius Flaccus. Orvieto aber ist die politische und religiöse Hauptstadt Etruriens, das „etruskische Delphi".

Auf diesem ziselierten Spiegel aus Vulci untersucht der mit Flügeln ausgestattete Haruspex die Innereien eines Opfertiers. Wie man dem eingravierten Namen entnehmen kann, heißt er „Kalchas": Das ist der Name des homerischen Sehers. Auch diese Szene ist ein Beleg für die Allgegenwart griechischer Mythologie in der etruskischen Kultur.

Sterben, aber einen langsamen Tod ...

Wenn Etrurien auch seine Unabhängigkeit verloren hat, so ist doch die etruskische Kultur damit nicht untergegangen. Viele künstlerische Arbeiten vom 3. bis zum 1. Jahrhundert legen davon Zeugnis ab. Die etruskische Sprache wird weiterhin gesprochen, geschrieben, verstanden. Nur sehr allmählich tritt das Lateinische an ihre Stelle. Die letzten Grabinschriften, die in Etruskisch verfaßt worden sind, stammen aus den ersten 50 Jahren unserer Zeitrechnung. Nach den Prophezeiungen der Seher bedeutet das Ende der etruskischen Sprache in den Inschriften auch das Ende der etruskischen „Nation". Beide Ereignisse fallen ungefähr zusammen, doch läßt sich zu diesem Zeitpunkt

* *kursive Begriffe* **siehe Glossar Seite 181.**

auch bereits eine Wiederbelebung der etruskischen Kultur feststellen.

Mit der Herrschaft von Augustus und Claudius vollzieht sich eine Art archäologischer Rekonstruktion des etruskischen Bundes: In dem Augenblick, als Rom Italien unter administrativem Gesichtspunkt einigt und in zehn Regionen einteilt, erinnert es um so mehr an den etruskischen Vorgänger. In den Inschriften werden die höchsten Beamten der 7. Römischen Region Etruria „Prätoren und Ädilen Etruriens" genannt – unter denen Kaiser Hadrian selbst sein wird –, wie es denn zuvor auch einen Obersten Bundesmagistrat gab, der in Etruskisch den Titel *Zilath mechl rasnal* trug. Weitere zeitgenössische Dokumente bestätigen diese erste Renaissance Etruriens: so z. B. das in Bruchstücken erhaltene Marmorrelief, das in Cerveteri gefunden wurde und das gewöhnlich als Thron des Claudius bezeichnet wird. In Latein verfaßte epigraphische Dokumente, als „Elogia" von Tarquinia bekannt, illustrieren die Beständigkeit bestimmter Traditionen in großen Familien etruskischer Abstammung, wie z. B. der Spurinna.

In diesen Inschriften werden die Heldentaten der Vorfahren im 5. und 4. Jahrhundert verherrlicht. Auch Statuen und Inschriften zeigen noch zu diesem Zeitpunkt allen Tarquiniern die mythische oder tatsächliche Größe ihrer Vergangenheit.

Die Organschau ist eine Technik der Weissagung, die den Römern als typisch etruskisch erschien. Da sie aber auch in Babylon bezeugt ist, sehen manche darin ein Argument, um die These einer orientalischen Herkunft des etruskischen Volkes zu stützen. Von den verschiedenen inneren Organen messen die Seher der Leber die größte Bedeutung bei. Dieses Bronzemodell einer Schafsleber, das in der Nähe von Piacenza gefunden wurde, fand wahrscheinlich in den Schulen der Haruspices Verwendung: Die Namen von zahlreichen Gottheiten stehen darauf, wie z. B. Fufluns (der etruskische Dionysos), Uni (Hera) oder auch Tinia (Zeus).

Claudius, Kaiser und Etruskologe

Es gibt kein besseres Beispiel für die Renaissance Etruriens als Kaiser Claudius selbst, der als einer der ersten Etruskologen in der Geschichtsforschung angesehen werden kann. Hat er nicht, wie der lateinische Historiker Sueton berichtet, eine Geschichte der Etrusker in 20 Büchern verfaßt? Obwohl dieses Werk verlorengegangen ist, bleibt eine Spur seiner historischen Studien nachvollziehbar. In seiner Senatsrede, die durch die großartige in Bronze gravierte Inschrift, die claudische Tafel von Lyon, bekannt ist, erläutert Claudius anhand früher Beispiele aus der Geschichte die Öffnungspolitik, welche er gegenüber den Notablen Galliens zu führen beabsichtigt;

für ihn beruht die Größe Roms unter anderem auf der Fähigkeit zur Assimilation, auf der Bereitschaft zur Integration von Fremden. Hat es denn unter den Königen von Rom – am Anfang der römischen Macht – nicht Sabiner und sogar Etrusker gegeben? Außerdem erwähnt Claudius das Beispiel des Servius Tullius, des sechsten und vorletzten Königs von Rom, der nach Aussage etruskischer Autoren etruskischer Herkunft ist.

Unter dem christlichen Kaiser Konstantin werden noch panetruskische Spiele abgehalten.

In der ersten Hälfte des 1. Jahrhunderts v. Chr. ist Etrurien, das von nun an römisch ist, politisch und militärisch nicht mehr existent. Seine Kultur aber erlebt eine zweite Blüte. Viele bedeutende Persönlichkeiten bezeugen ein so großes Interesse an der Vergangenheit, daß diese Renaissance kein Strohfeuer bleibt. Noch im 4. Jahrhundert v. Chr. werden unter der Herrschaft Konstantins am Seeufer in Bolsena, wo die Einwohner Volsiniis nach der Einnahme und der Zerstörung der etruskischen Zitadelle angesiedelt worden sind, wichtige Spiele aufgeführt. Es wurde manchmal angezweifelt, daß diese Spiele als Nachfolge der panetruskischen Zeremonien des *Fanum Voltumnae*, des Hauptgottes des etruskischen Bundes, zu verstehen sind. Doch auch in diesem Punkt ist sehr wohl Kontinuität zu verzeichnen. Der etruskische Bund und seine Magistraten hatten im wesentlichen religiöse Funktion; die Organisation der Spiele blieb eine der wichtigsten Aufgaben, wie sie es schon vor dem Zeitpunkt der Unabhängigkeit war. Auch wenn in Bolsena nicht mehr etruskisch gesprochen wird, und wenn die Spiele sich auch verändert haben, hier wie anderswo erfreuen sich fortan die Gladiatorenkämpfe der Gunst der Massen und knüpfen damit an eine jahrhundertealte Tradition an.

Der Arringatore hebt seinen rechten Arm, um die Menge um Ruhe zu bitten und sie einzuladen, seine Rede zu hören. Eine Inschrift, die in Etruskisch auf den Saum der Toga graviert ist, verrät uns, daß diese Statue einem gewissen „Aule Meteli", einem Notablen von Perugia oder Cortona, gewidmet worden ist. Diese große Bronzestatue muß aus den Jahren 110 – 100 v. Chr. stammen. Denn nach der Verleihung des römischen Bürgerrechts an Etrurien 89 v. Chr. wäre diese offizielle Inschrift in Latein graviert worden.

Bei der Erhöhung der Befestigungsanlagen der Stadt wird die Chimäre von Arezzo entdeckt. Sie wird wiederholt restauriert: zunächst im 16. Jahrhundert von Cellini und dann im 19. Jahrhundert (allerdings mit einigen groben Fehlern: Die Schlange sollte nicht in das Horn der Ziege beißen, sondern den Gegner bedrohen). Wahrscheinlich ist sie kein Einzelstück, sondern bildet mit dem auf den Pegasus gestiegenen Bellerophon eine Gruppe. Das Ungeheuer trägt auf seiner rechten Vorderpfote eine etruskische Inschrift („tinscvil"), die es als aristokratische Votivstatue ausweist. Schon im 16. Jahrhundert hat Giorgio Vasari, der aus Arezzo stammt, Überlegungen zur Bedeutung des Schriftzuges angestellt. Zwar gesteht er ein, daß die etruskische Sprache noch nicht entschlüsselt sei, ist sich aber ziemlich sicher, daß diese Buchstaben den Namen des Künstlers oder das Datum bezeichnen.

Die Chimäre von Arezzo und der Arringatore

Nach einer langen Pause im Mittelalter mehren sich im 15. Jahrhundert die Funde etruskischer Kultur in der Toskana und in Latium. Zum Beispiel wird in der Nähe von Quinto Fiorentino gegen Ende des Jahrhunderts das sogenannte Mula-Grab aus dem 7. Jahrhundert v. Chr. entdeckt, das heute als Kellerraum genutzt wird. Die Jahreszahl 1494 ist von einem Besucher in die Wand des Grabgewölbes geritzt worden. In der Mitte des 16. Jahrhunderts werden zwei der schönsten bekannten etruskischen Bronzen gefunden, die heute im archäologischen Museum in Florenz aufbewahrt werden: Im Jahre 1553 ist es die *Chimäre* von Arezzo, eine große Votivstatue vom Beginn des 4. Jahrhunderts v. Chr.; 1566 wird nahe dem Trasimenischen See die Statue des Arringatore freigelegt, die oftmals als das Beispiel eines antiken Redners abgebildet wird. Sein etruskischer Name Aule Meteli ist in den Saum seines Gewandes – eine Tunica und eine römische Toga – eingraviert. Es ist anzunehmen, daß mit dieser Statue eine Person geehrt wurde, die ein hohes politisches Amt innehatte.

Die Archäologie als Instrument der Macht

Während der Nachlaß der Etrusker die Sammlungen der Medici, die ständig auf Antiquitäten erpicht waren, anwachsen lassen – hier muß die herausragende Bedeutung von Lorenzo dem Prächtigen und von Cosimo I. de Medici betont werden –, lassen so angesehene Meister wie Leonardo da Vinci und Michelangelo erkennen, daß die etruskischen Werke bereits eine respektable Rolle in der Geschichte der italienischen Kunst spielen. Die etruskischen Malereien aus dem „Grab der Unterwelt" in Tarquinia (4. Jh. v. Chr.) haben gewiß Michelangelo inspiriert, als er den mit einem Wolfsfell bedeckten Kopf des Aita (griech. Hades) zeichnet, des Herren der etruskischen Unterwelt (oben). Leonardo, der seinerseits durch die außergewöhnliche Entdeckung eines sehr großen etruskischen Grabhügels in Castellina (1507) stark beeindruckt ist, entwirft selbst einen Plan für ein Mausoleum mit symmetrischer Anordnung.

So entsteht bereits im 16. Jahrhundert durch archäologische Entdeckungen, Sammlungen der Fürsten, Entlehnungen der Künstler und erste Kommentare der Gelehrten der etruskische Mythos. Er wird das Großherzogtum Toskana, dem er eine antike und ruhmreiche Herkunft verleiht, in seinem Selbstverständnis stärken.

Die Medici Lorenzo der Prächtige (rechts) und Cosimo I. bezeichnen sich gern als Nachfahren der Etrusker: Folglich brachte man ihren Namen mit dem lateinischen Wort „meddix" in Verbindung, das einen hohen Magistrat bezeichnete – der aber eigentlich eher oskisch als etruskisch ist. Um die Paläste und Villen der Medici zu bauen oder zu schmücken, ließen sich verschiedene Künstler der Renaissance von der etruskischen Kunst inspirieren: Dies ist zum Beispiel der Fall bei dem Architekten Giuliano da Sangallo, dem Erbauer der Villa, die für Lorenzo dem Prächtigen in Poggio a Caiano, ganz in der Nähe von Florenz, errichtet wurde. Die Abbildung oben zeigt den Kopf des Hades im „Grab der Unterwelt" in Tarquinia.

Annio di Viterbo: Mönch und Fälscher

Die etruskische Sprache stellt lange Zeit durch ihre Eigentümlichkeit einen der Pfeiler des etruskischen Mythos dar. Der Dominikanermönch Annio di Viterbo ist der erste aus einer langen Reihe von ebenso unermüdlichen wie folkloristischen Entzifferern dieser Sprache. Im Jahre 1498 veröffentlicht er in Rom einen „Bestseller", in dem er zahlreiche etruskische Inschriften zusammenstellt; einige Buchstaben sind dort bereits richtig interpretiert; doch seine für die Zeit insgesamt unausgereiften Theorien über den Ursprung der Etrusker und die Verbindung ihrer Sprache mit dem Hebräischen führen den Autor alsbald zu völlig unhaltbaren Interpretationen. Auch hängt ihm der

VIRTVTV
OMNIV
VAS
VITIA
VTI

– wohlverdiente – Ruf an, ein Fälscher und Schwindler zu sein, der nicht zögert, alte Texte zu erfinden und sich selbst Inschriften auszudenken.

„De Etruria regali“: Die Anfänge der Etruskomanie

Das Buch, das zwischen 1616 und 1619 von dem Schotten Thomas Dempster, Rechtsprofessor an der Universität von Pisa, verfaßt wurde, ist Cosimo II. de Medici gewidmet, der es gewissermaßen finanziell gefördert hat. 100 Jahre später werden die beiden Bände Cosimo III. und seinem Nachfolger Johann Gaston de Medici gewidmet. Zu diesem Zeitpunkt ist die Dynastie der Medici bereits auf dem absteigenden Ast. Mehr denn je geht es nun darum, die Herrscher des Großherzogtums durch Betonung ihrer angeblichen etruskischen Herkunft zu stärken. Das gelehrte und sehr gut dokumentierte Werk von Dempster nutzt alle alten literarischen Quellen, um die Geschichte und die Kultur der Etrusker im besten Licht darzustellen. Dempster vermittelt viele wichtige Informationen, aber er versündigt sich durch kühne Spekulationen über die Ursprünge und die Sprache dieses Volkes.

Sir Thomas Coke, ein englischer Adeliger, bringt das Manuskript Dempsters von seiner Italienreise mit und übergibt es Filippo Buonarotti zur Veröffentlichung. Etwa 100 Tafeln, die von renommierten Künstlern angefertigt wurden, schmücken den Band. Die Publikation dieses Werkes gibt den Anstoß für eine ganze „Etruskomanie“-Bewegung: Zahlreiche Reisen und Ausgrabungen, neue Sammlungen

Die Statue aus Volterra (unten), aus dem 3. Jahrhundert v. Chr., zeigt eine Frau, die ein Kleinkind in ihren Armen hält, ein häufig dargestelltes Thema in der etruskischen Kunst dieser Epoche. Neben mythologischen Bildern sind auch Ausprägungen der Volksfrömmigkeit zu entdecken: Unter den Votivstatuen aus Terrakotta sind zum Beispiel in Windeln gehüllte Kinder sehr häufig, die der Hoffnung auf Fruchtbarkeit Ausdruck verleihen.

und theoretische Abhandlungen über sämtliche Aspekte der Geschichte, der Kunst und der Kultur der Etrusker bezeugen dies.

Im 18. Jahrhundert ist der Begriff „Etrurien" noch nicht in aller Munde.

Ganz zu Beginn des 18. Jahrhunderts besucht und beschreibt der französische Dominikaner Jean-Baptiste Labat als einer der ersten die Gräber von Tarquinia. In der Mitte des Jahrhunderts hält sich der Numismatiker Jean-Jacques Barthélemy vor allem in Cortona auf und interessiert sich sehr für die Landessprache: „Ich kann das Etruskische ganz ordentlich lesen. Die Sprache hat mich auf sehr viele Gedanken gebracht. Sie wissen, daß man sie noch nicht entschlüsselt hat ..." Zehn Jahre später veröffentlicht der Astronom Joseph Jérôme de Lalande die vielbeachtete *Voyage en Italie*. Durch seine Ausführungen zur etruskischen Kultur lockt er weitere Reisende und Touristen in die Toskana.

Unter den auf diesem Stich aus *De Etruria regali* abgebildeten Vasen läßt sich oben links eine sogenannte nikosthenische Amphora erkennen: Diese Form ist so typisch etruskisch, daß die griechischen Töpfer sie speziell für den toskanischen Markt hergestellt haben. Etruskische Münzen (unten abgebildet) tauchen nicht vor dem Beginn des 5. Jahrhunderts v. Chr. auf. Vor allem sind uns die Münzen von Populonia (aus Bronze, Silber, manchmal sogar aus Gold) in größerer Anzahl erhalten geblieben; doch hatten nicht alle etruskischen Städte ein eigenes Münzwesen.

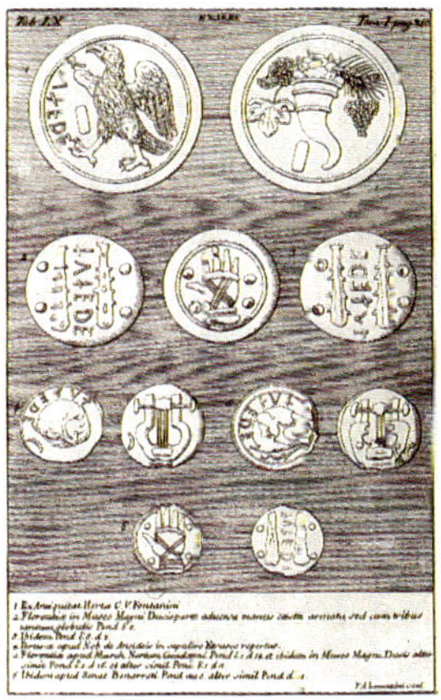

Gegen 1760 – zur Zeit der englischen Vorromantik – hält sich der Schotte James Byres in Etrurien auf und malt einige Fresken der Gräber von Tarquinia, die heute zum Teil verschwunden sind.

Die Ausgrabungen tragen mehr und mehr zu gelehrten Erörterungen und zu Sammlungen bei, die von nun an ganz auf das etruskische Material konzentriert sind und nicht mehr nur auf einige Objekte, die sich unter anderen griechischen oder römischen verlieren.

1731 beginnen die Ausgrabungen in Volterra. Zu Hunderten bringen sie Graburnen aus Terrakotta oder aus Alabaster zum Vorschein, die aus hellenistischer Zeit stammen und für diese Stadt im Norden Etruriens charakteristisch sind. Im Jahre 1750 gründet Abbé Mario Guarnacci das Museum von Volterra, das noch heute seinen Namen trägt.

Spaziergang unter der Erde

„Man steigt ein wenig geblendet wieder hinauf in das milde Licht der Sonne, um erneut unter die Erde zu tauchen, wie die Kaninchen im offenen Gehege … Und die unterirdische Welt der Etrusker wird nach und nach wirklicher als das Tageslicht. Man beginnt mit den Tänzern, den Feiernden und mit den Betrübten zu leben und sie leidenschaftlich zu suchen."

D. H. Lawrence, *Etruskische Stätten*

Das Grab der Mercareccia ist eines der ersten Gräber, die in Tarquinia freigelegt wurden. Die Aufmerksamkeit wird auf die Fresken, aber auch auf die Decke und das Gebälk gelenkt. Durch die Öffnung im Dach (compluvium) fühlt man sich in ein römisches Atrium versetzt. Schon immer hat die etruskische Grabarchitektur die Wohnstätten der Lebenden widergespiegelt, und der Ursprung des Atriums im römischen Haus muß wahrscheinlich in Etrurien gesucht werden.

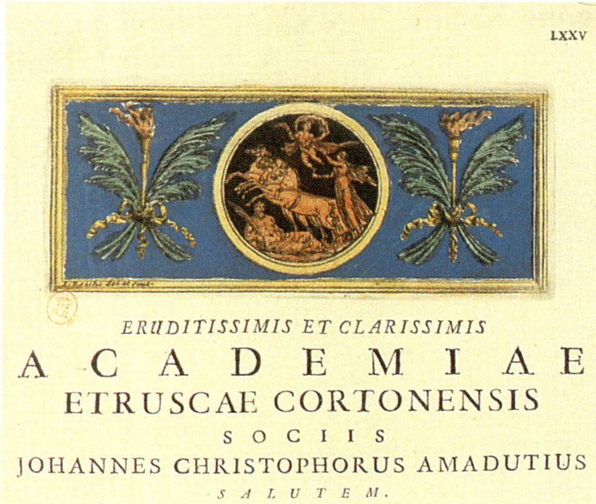
LXXV

ERUDITISSIMIS ET CLARISSIMIS
ACADEMIAE
ETRUSCAE CORTONENSIS
SOCIIS
JOHANNES CHRISTOPHORUS AMADUTIUS
SALUTEM.

Nach dem Erfolg von Dempsters Buch sah man sich veranlaßt, den Namen der neuen Accademia degli Occulti von Cortona in „Accademia Etrusca“ umzuändern. Hochkarätige Intellektuelle wie Montesquieu, Voltaire und Winckelmann gehören ihr an. F. Buonarotti ist lange Zeit ihr Präsident. Selbst die adeligen Damen von Cortona nehmen nach etruskischer Sitte an den Aktivitäten der Akademie teil.

Die Sammlungen werden von dem prominenten Kunsthistoriker Francesco Gori veröffentlicht. Zwischen 1737 und 1743 beschreibt er mehrere Sammlungen im *Museum etruscum* und 1750 im Museum cortonense die Bestände in Cortona.

Die Akademie von Cortona wählt ihre „Lucumoen“.

Es ist nicht möglich, von der Etruskomanie im 18. Jahrhundert zu sprechen, ohne die Institution zu erwähnen, die sie am meisten verkörpert: die Accademia Etrusca von Cortona. Sie besitzt eines der berühmtesten Museen, eine Sammlung, die, ohne wirklich öffentlich zu sein, auch nicht mehr länger ausschließlich privat ist. Da sie allen Gelehrten zugänglich ist, beeinflußt sie die Entwicklung der Forschung über die Etrusker günstig. Die Akademie, die im Jahre 1726 von einem Patrizier aus Cortona, Onofrio Baldelli, gegründet wurde und noch heute besteht, wählt jedes Jahr ihren Präsidenten, der den etruskischen Titel eines *Lucumoen*, eines Königs, erhält. Zweimal im Monat versammeln sich die Akademiemitglieder anläßlich der „Nächte von Cortona". Diese Versammlungen bieten Gelegenheit zur Lektüre gelehrter Mitteilungen und „akademischer Dissertationen", die zwischen 1738 und 1795 veröffentlicht wurden. All die Themen, Hypothesen und Erkenntnisse der Etruskologie, die zu dieser Zeit in der Diskussion sind, werden hier erörtert. Die Studien erstrecken sich über Ursprünge, Sprache und Alphabet der Etrusker. Außerdem stellen sie die Beziehungen zu den Hebräern, den Lydiern und selbst zu den Ägyptern heraus, deren Kultur nicht strikt von der etruskischen unterschieden werden kann.

OSSERVAZIONI
DI GIO. BATTISTA PIRANESI
SOPRA LA
Lettre de Monsieur Mariette aux Auteurs de la Gazette Littéraire de l'Europe,
Inserita nel supplemento dell' istessa Gazzetta, stampata, *Dimanche 4. Novembre 1764.*

OSSERVAZIONI.

LETTRE DE M. MARIETTE.

M. Piranesi auteur de plusieurs ouvrages sur les antiquités Romaines dont vous avez rendu compte, MM. en a publié un (1) depuis peu d'années qui peut-être nous est inconnu, & dans lequel il s'est proposé de faire l'apologie des Romains & de montrer, comme votre sentiment qui est aussi le mien, que par rapport aux arts, & pour ce qui concerne en particulier l'Architecture, non seulement

Piranesi, leidenschaftlicher Verteidiger der Etrusker

Zahlreiche Polemiken über etruskologische Themen entzweien die prominenten Gelehrten. Ein berühmter Streit bricht zwischen dem französischen Graveur und Essayisten Pierre-Jean Mariette und Giovanni Battista Piranesi aus, der in Venetien seine Ausbildung erhalten hatte, bevor er im Jahre 1740 nach Rom kam. 1761 veröffentlichte er ein theoretisches Werk, in welchem er auf sehr polemische Weise all das hervorhebt, was die römische Architektur den Etruskern zu verdanken hat. Dagegen bestreitet er griechische Einflüsse vehement.

Zur Stützung dieser Theorie zitiert er klassische Quellen, wie Livius und Dionysios von Halikarnassos, und führt Beispiele von Bauwerken an, wie die „Cloaca Maxima", der große Entwässerungskanal, der ein Werk der etruskischen Könige von Rom ist. Dem entgegnet der französische Gelehrte Mariette 1764, daß es sehr wohl die griechische Kunst sei, mit der man die römische Kunst in Verbindung bringen müsse, da die Etrusker ... Griechen gewesen seien. Zwei unversöhnliche Positionen stehen sich damit gegenüber.

Der gebürtige Venetier Giovanni Battista Piranesi (links unten) läßt sich gerne von Rom, seiner ländlichen Umgebung und dem Anblick der antiken Ruinen inspirieren. Diese Faszination für die römische Architektur verleitet ihn dazu, fortan nur noch die Kunst des antiken Italien anzuerkennen. Von den Vasen bis zu den Tempeln Süditaliens interpretiert er so alles als etruskisch; Griechenland scheint ohne Belang zu sein.

1789: Ein Meilenstein in der Etruskerforschung

Die Publikation des Werkes *Saggio di lingua etrusca e di altre antiche d'Italia per servire alla storia dei popoli, delle lingue e delle belle arti* von Abbé Lanzi im Jahre 1789 markiert den Beginn einer neuen Epoche der Etruskologie. Lanzi vermag entscheidende Fortschritte in der Etruskerforschung zu erzielen. Die meisten Zeichen des etruskischen Alphabets werden von nun an richtig gedeutet. Von den berühmten Verbindungen mit dem Hebräischen wird beispielsweise nicht mehr gesprochen. Die Beziehungen zwischen Griechen und Etruskern erhalten endlich ihren angemessenen Platz: Lanzi stellt nicht die etruskische Kultur an den Ursprung aller Künste, wie dies viele frühere oder zeitgenössische Etruskomane taten, sondern er erkennt im Gegenteil genau die griechischen Einflüsse. Schließlich sieht Lanzi, daß die herrlichen Vasen mit schwarzen oder roten Figuren, die zu Hunderten in den etruskischen Nekropolen entdeckt wurden, nicht zwangsläufig etruskische Vasen sind, wie man bisher behauptete,

Papst Pius VII. (in der Abbildung unten mit der Sammlung von etruskischen Vasen dargestellt) hat sich während der 22 Jahre seines Pontifikats zu Beginn des 19. Jahrhunderts sehr viel Mühe gegeben, den Schutz von Italiens künstlerischem Erbe zu gewährleisten. Wenngleich die Einrichtung des Chiaramonti-Museums im Vatikan den römischen Antiquitäten gilt, interessiert sich Pius VII. doch auch für etruskische Kunstgegenstände aus Städten wie Caere, Tarquinia und Vulci.

sondern sehr wohl griechische Vasen: Er stützt diese Schlußfolgerung auf eine rationale Argumentation und nicht auf Vorurteile, indem er beispielsweise auf die griechischen Namen aufmerksam macht, die in diese Töpfereien eingeritzt sind. Bislang gehörte die etruskische Herkunft dieser Vasen zu jenen Behauptungen, die in der gelehrten Welt der damaligen Zeit gar nicht hinterfragt worden waren.

Lanzi stellt auch die etruskischen Sammlungen der Uffizien in Florenz zusammen, die den Beginn der großen archäologischen Sammlung des Museums darstellen, aus dem das Etruskermuseum hervorgeht. Neben jenem der Villa Giulia in Rom und dem Gregorianischen Museum im Vatikan gehört es zu den größten Etruskermuseen Italiens.

Unkontrollierte Ausgrabungen, unverwertbar für die heutige Archäologie

Im 19. Jahrhundert steigt die Zahl der Ausgrabungen schlagartig an. Die Euphorie der Ausgräber verbietet jede

Um die Schätze des Regolini-Galassi-Grabes von Caere und die wunderbare Sammlung der aus den Nekropolen von Vulci stammenden attischen Vasen der Familie Campanari aufzunehmen, wird im Jahre 1836 das Gregorianische Etruskermuseum eingeweiht (unten). Seit langer Zeit stand für Vincenzo Campanari die Einrichtung dieses Museums auf der Wunschliste. Es enthält auch sehr schöne Bronzen, darunter kleine wie den Spiegel von Kalchas oder den von Peleus und Atalante, aber auch große, wie den berühmten Mars von Todi.

Systematik, die zu fundierten Erkenntnissen führen könnte. Einziges Ziel ist, schöne und gut erhaltene Gegenstände zu sammeln; alles, was nicht ästhetisch oder kommerziell von Interesse ist, wird weggeworfen. Vor allem werden alle Grabausstattungen zum Ärger der heutigen Archäologen so durcheinandergebracht, daß sich deren Anordnung nur schwer konstruieren läßt. Viele Erkenntnisse über die Kultur der Etrusker bleiben uns aus Gründen wie diesen verschlossen.

Von 1828 an sind es vor allem die die Nekropolen von Vulci, die hemmungslos ausgeplündert werden. Bis zu dem Tag, an dem das Gewölbe eines Grabes zufällig unter einem darüberziehenden Pflug zusammenbrach, ist dieses Gräberfeld kaum ausgebeutet worden. Die Arbeiten werden von Lucien Bonaparte, dem Fürsten von Canino, geleitet und bringen zu Tausenden attische Vasen zu Tage, die heute in den Vitrinen aller europäischen und nordamerikanischen Museen zu finden sind. In Vulci sind mehr griechische Vasen gefunden worden als in Athen.

„Prinz Lucien Bonaparte organisierte neue Ausgrabungen, und in weniger als einem Jahr hatte er in seinem Schloß von Musignano mehr als zweitausend Vasen zusammengebracht, die er aus einem nicht mehr als zwei Hektar großen Gelände barg.“

A. Noël des Vergers

In den „bemalten Kellern“ von Tarquinia kämpfen die Athleten um die Ewigkeit.

Noch spektakulärer ist die Entdeckung der Fresken der neuen „Grotten“ von Tarquinia, in der Nekropole von Monterozzi. Der Name „Monterozzi“ ist von den kleinen Grabhügeln abgeleitet, von denen auch Stendhal als dem „Père-Lachaise“ von Corneto spricht. Nach den von James Byres gezeichneten außergewöhnlichen Fresken kommen nach einigen Jahren etruskische Malereien zum Vorschein, die noch heute zu den berühmtesten zählen. Im Jahre 1827 werden das „Grab des Barons“, das „Grab der Inschriften“ und das „Grab der Zweispänner“, das oft als Werk eines griechischen Künstlers angesehen wird, ausgegraben. Letzteres enthält Fresken mit zehn abgebildeten Athleten und ihren Zuschauern, die auf Tribünen sitzen. 1830 wird das „Grab des Triclinium“ ausgegraben, im Jahre 1831 das Querciola-Grab, 1833 das Giustiniani-Grab und das der Scrofa Nera (der schwarzen Becher). Auch hier führt der Zufall über Renovierungsarbeiten zu den ersten Funden: Der Bürgermeister von Corneto, Carlo Avvolta, stößt auf die Steinblöcke, die das Gewölbe einer unterirdischen Grabstätte verschließen, als er Steine zur Ausbesserung einer Straße sucht. Als er in das Innere der Grabkammer schaut, fällt sein Blick genau auf einen vollständig erhaltenen Krieger, der auf seinem Totenbett ruht. Bereits wenig später sind die Farben der Wandmalereien durch den Kontakt mit der einströmenden Luft völlig verblaßt.

Die Kunde von diesen Fresken lockt bald die an Etrurien interessierten Archäologen an. Unter ihnen sind vor

Im Jahre 1830 veröffentlicht Prosper Mérimée eine Novelle, die den Titel *Die etruskische Vase* trägt, doch zu jener Zeit dringt allmählich ins Bewußtsein, daß die gemalten Vasen, die in Vulci gefunden wurden, attische Vasen sind. In der Tat war der Einfluß der griechischen Keramik auf die lokale Töpferkunst zweifellos vorhanden. Importe, die zuerst aus Korinth und dann aus Athen kamen, führten in Etrurien schnell zu Nachbildungen: So geht die etrusko-korinthische Keramik von 630 bis 540 v. Chr. der etruskischen Keramik mit schwarzen und roten Figuren voran. Die Formen des etruskischen *Bucchero* sind oftmals griechische Formen, und die wenigen bekannten etruskischen Vasennamen sind Entlehnungen aus dem Griechischen.

allem vier zu nennen, nämlich Gerhard, Panofka, Stackelberg und Kestner, die sich gerade in Rom aufhalten. Sie gründen die Gesellschaft der Hyperboreer, die wenig später in der Etruskerforschung eine führende Rolle spielt. Niemand begnügt sich nur damit, die Fresken zu bewundern, sie werden auch kopiert: Diese Kopien, Aquarelle von Künstlern wie Carlo Ruspi, wurden in ihrem Stellenwert lange Zeit und zu Unrecht unterschätzt, sind sie doch heute oftmals die einzigen Zeugnisse, die uns von den Wandmalereien geblieben sind.

Das Regolini-Galassi-Grab oder das Gold der Etrusker

Am 22. April 1836 entdecken der Erzpriester Regolini und General Galassi in Caere, dem heutigen Cerveteri, in der Sorbo genannten Nekropole ein Grab aus dem 7. Jahrhundert mit einer prachtvollen Innenausstattung. Das Grab, das unter dem Namen seiner zwei Entdecker bekannt wird, enthält eine große Anzahl von meisterhaft gearbeiteten Schmuckstücken aus Gold und zahlreiche andere wertvolle Gegenstände, die aus dem Orient stammen oder mit orientalischen Motiven verziert sind.

Anläßlich dieses reichen Grabfundes läßt Papst Gregor XVI. das erste Etruskermuseum in Rom, das Gregorianische Museum des Vatikan, erbauen und weiht es im November 1836 ein. Dank der großen Ausbeute der

Diese große Fibel aus Gold (mehr als 30 cm hoch) gehört zu einem traditionellen etruskischen Typ und ist folglich an Ort und Stelle gefertigt worden, auch wenn die Motive, die sie schmücken (Löwen mit oder ohne Flügel) in den Orient weisen. Aus dem Regolini-Galassi-Grab stammen die abgebildeten goldenen Armreifen.

Ausgrabungen von Caere stellt Fürst Campana eine Sammlung zusammen, die in besonderer Weise die Franzosen interessiert. Als nach dem Tode Campanas alle Objekte dieser glanzvollen Sammlung veröffentlicht werden, bereichern sie vor allem den Fundus zweier Museen: die Eremitage in Sankt Petersburg und den Louvre in Paris. Im Louvre sind unter anderem Meisterwerke wie der Ehegatten-Sarkophag, einem Gegenstück zu jenem der Villa Giulia, zu bewundern.

Die Etrusker kommen nach London, und die Engländer reisen in die Toskana.

Im Januar 1837 organisieren die Campanari aus Toscanella, leidenschaftliche italienische Schatzgräber und Sammler, in der Pall Mall in London eine Ausstellung griechischer und etruskischer Altertümer. Diese Londoner Ausstellung erzielt sowohl bei den professionellen Kritikern als auch in der Öffentlichkeit einen enormen Erfolg. Sie steht am Anfang einer neuen Begeisterung für die Etrusker. Beispielsweise ermöglicht dieses Ereignis erstmals die Veröffentlichung der Zeichnungen von James Byres.

Ein Sarkophag aus Terrakotta vom Ende des 6. Jahrhunderts gibt hier Aufschluß über die Stellung der etruskischen Frau: Wie selbstverständlich nehmen die Frauen hier am Festmahl teil und liegen an der Seite der Männer, von denen sie keinesfalls getrennt sind. Eine solche Situation wäre bei den Griechen undenkbar gewesen: Bei ihnen gesellen sich nur Kurtisanen und Knaben während eines Festmahls zu den Männern.

Unter den Besuchern befindet sich eine gewisse Elizabeth C. Hamilton Gray. Von der Ausstellung tief beeindruckt, fährt sie sofort nach Italien und kommt mit ihrer *Tour to the Sepulchres of Etruria* zurück, die 1840 veröffentlicht wird und rasch hintereinander in mehreren Auflagen erscheint. Dieses Buch wird von dem englischen Reisenden George Dennis gelesen, der sich von da an Etrurien widmet. Sein Werk, *The Cities and Cemeteries of Etruria*, das im Jahre 1848 veröffentlicht wird, beschreibt sorgfältig und exakt alle Sehenswürdigkeiten, die bis dahin von Etrurien bekannt sind. Ein kurzweiliger Stil, der frei von jeglicher Pedanterie ist, und hervorragende Illustrationen zeichnen diese Publikation aus. Einige der Bilder stammen von seinem Reisegefährten, dem englischen Aquarellmaler Samuel James Ainsley.

Mrs. Hamilton Gray polemisiert in ihrem Werk über die Malereien des Querciola-Grabes von Tarquinia (ungefähr 400 v. Chr.) heftig gegen die Römer: „Wie müssen doch die erniedrigten Lucumoen des großen etruskischen Gemeinwesens die despotischen Gleichmacher verflucht haben, die ihre Regierung zerschlugen, ihren Volkscharakter zerstörten und ihre Existenz auslöschten! Wir können uns beinahe

Im 19. Jahrhundert kommt es zu einer Fülle wissenschaftlicher Publikationen und Gründung großer Forschungseinrichtungen.

Der italienische Archäologe Giuseppe Micali veröffentlicht 1810 in Florenz *L'Italia avanti il dominio dei Romani* in vier Bänden und einem Album mit Stichen. Dieses Buch findet in der Welt der Wissenschaft und Politik großen Widerhall. Doch es ruft auch zahlreiche Polemiken hervor, vor allem, weil der Autor darin die noch wenig verbreitete These vertritt, nach der die Etrusker ein alteingesessener Stamm Italiens sind. Immerhin wird dieses Buch zur Bibel all jener, die sich für diese Kultur begeistern. Inzwischen spielen deutsche Forscher eine führende Rolle in der

Etruskologie. Zu ihnen gehört Karl Ottfried Müller, dessen Buch *Die Etrusker* 1828 veröffentlicht wird. Zu der Zeit gründen deutsche und französische Gelehrte das Institut für archäologische Korrespondenz, das heute noch als „Deutsches Archäologisches Institut" existiert. Die erste Sitzung findet am Jahrestag der Gründung Roms, am 21. April 1829, im Palazzo Caffarelli auf dem Kapitol statt. Wenn dieses Institut auch ganz allgemein der klassischen Archäologie in Italien gewidmet ist, verwendet es doch einen beträchtlichen Teil seiner Tätigkeiten auf die Ausgrabungen von Etrurien, wovon die ersten Ausgaben seiner verschiedenen Publikationen in hohem Maße zeugen. Wir sind damit schon beinahe in die Epoche der wissenschaftlichen Etruskologie eingetreten: Bald wird die Geschichte der

vorstellen, daß die Stimmen aus den Gräbern von Vulci und von Tarquinia die nordischen Horden von der Elbe und der Oder gerufen haben, um sie bei den verweichlichten Nachkommen ihrer gemeinen Vernichter zu rächen." Unten abgebildet sind die Reste eines „Tempels" in Todi nach einem Stich aus dem Buch von Micali, ***L'Italia avanti il dominio dei Romani.***

La tomba bella

Samuel James Ainsley hat dieses Aquarell wahrscheinlich bald nach der Entdeckung des „Grabes der Reliefs“ im Winter 1846–1847 vollendet. Es wird manchmal auch „tomba bella“ genannt. Seine bemalten Stuckmotive erlauben uns einen Einblick in den Alltag einer großen Familie aus Cerveteri am Ende des 4. Jahrhunderts v. Chr. Auf dem Fries oberhalb der Nischen sind Helme, Beinschienen, Schilder und Schwerter zu sehen, welche die „kriegerische Berufung“ der Familie bildlich darstellen. Das, was „die Säulen in der Mitte bedeckt, ist ein befremdlicher und köstlicher Trödelkram“, wie Jacques Heurgon dies ausdrückt. Links zum Beispiel, über einem Hausmarder sind ein Bronzekrug, ein Stab, ein großes Küchenmesser, eine Axt, ein Bündel Schnüre abgebildet. Rechts findet sich echtes Küchengeschirr: eine Suppenkelle, ein Messerbänkchen, eine Sammlung von Bratspießen, ein Kessel, der auf einem Dreifuß steht, mit seinem Stößel daneben.

C Ainsley
La Mercareccia
June 27 1842 Corneto

Die Stallgräber

Das Grab der Mercareccia hat die Künstler in hohem Maße inspiriert; doch es war zur Zeit Samuel Ainsleys schon sehr heruntergekommen: Nachdem seine Wand am Eingang zerstört war, diente es in der Folge als Stall. Unten rechts ist ein weiteres hellenistisches Grab, das jünger (2. und 1. Jh. v. Chr.) und typisch für die Region um Perugia ist. Ein englischer Künstler hat es rekonstruiert: Unter einem bemerkenswert zugerichteten Tonnengewölbe türmen sich Aschenurnen auf Simsen und selbst auf dem Boden.

Etrusker ihr eigenes Institut und ihre eigene Zeitschrift haben. Schon naht die Zeit der großen Corpora, die das ganze bisher bekannte etruskische Material enthalten sollen: das Corpus der Spiegel, das im Jahre 1841 von dem deutschen Etruskologen Eduard Gerhard begonnen wird (es sollte 1896 von Adolf Klügmann und Gustav Körte vollendet werden); das Corpus der Urnenreliefs, das 1870 von Heinrich Brunn und Gustav Körte in Angriff genommen wird; 1893 ist schließlich das Jahr des Inschriftencorpus, das nach dem Vorbild des

Gravierte Spiegel aus Bronze sind eine Besonderheit des etruskischen Handwerks vom 6. bis zum 2. Jahrhundert v. Chr. Ihre Rückseiten sind mit verschiedenen, manchmal plastisch hervortretenden, pflanzlichen oder figürlichen Motiven geschmückt, die für einen weiblichen Benutzerkreis bestimmt sind. So finden sich z. B. häufig Darstellungen von Göttinnen (links, die Geburt der Athene, die in voller Rüstung dem Haupte des Zeus entspringt).

berühmten Corpus der lateinischen Inschriften (CIL) unter der Leitung der Berliner Akademie zusammengestellt wird.

1985: Das Jahr der Etrusker oder die Glanzzeit der Etruskologie

Einige der großen Kataloge müssen heute nach seriöseren und vollständigeren wissenschaftlichen Gesichtspunkten überarbeitet werden – wie könnte es auch anders sein, haben doch die immer zahlreicher werdenden Ausgrabungen die Zahl der Objekte, die zu klassifizieren und zu untersuchen sind, vervielfacht. Dies ist z. B. beim Spiegel-Corpus der Fall, dessen Neuveröffentlichung auf breiter Basis begonnen wird. Von nun an werden solche Initiativen durch eine Institution geregelt, die sich besonders der Etruskologie widmet: das Istituto di Studi Etruschi ed Italici in Florenz, das seit 1927 eine jährliche Zeitschrift, die *Studi Etruschi*, herausgibt und Kolloquien und Kongresse organisiert, um den Stand der jüngsten Entdeckungen und der neuen Ansätze zum Studium der etruskischen Kultur zu ermitteln. So wird die Etruskologie als autonome Wissenschaft konstituiert, und in dieser Eigenschaft erlebt sie sogar ihre Glanzzeit: Im Jahre 1985 wird in Florenz der zweite internationale Etruskologiekongreß abgehalten, der die an dieser Kultur interessierten Gelehrten aus der ganzen Welt zusammenbringt. Das Treffen ist auch Anlaß für eine Reihe sehr eindrucksvoller Ausstellungen. Zahlreiche Veranstaltungen führen schließlich dazu, daß dieses Jahr rückblickend das „Jahr der Etrusker" genannt wird.

Vor allem ein Mann ist es, der diesen neuen wissenschaftlichen und erfolgreichen Forschungsstand der Etruskologie verkörpert: Massimo Pallottino, der „Papst" der Etruskologie. Sein Handbuch *Etruscologia*, das erstmals 1942 in Mailand veröffentlicht wurde, ist mehrfach neu aufgelegt und übersetzt worden. Es wäre jedoch ungerecht, den französischen Wissenschaftler Jacques Heurgon nicht zu erwähnen.

Die etruskischen Spiegel sind über ihren ästhetischen Reiz hinaus sehr informativ. Zunächst geben sie uns zu erkennen, daß die Etrusker von den Szenen der griechischen Mythologie beeindruckt waren: Ist es jedoch angesichts der Darstellungen von Hermes (s. Abbildung links oben) oder von Herakles (s. nebenstehende Abbildung) gerechtfertigt, daraus Schlüsse auf die Religion des toskanischen Volkes zu ziehen? Diese Abbildungen von Gottheiten implizieren nicht zwangsläufig, daß sie in Etrurien selbst verehrt worden sind. Da die Namen der Götter und Göttinnen oftmals neben den Figuren eingraviert sind – wir finden hier ganze Sagenausschnitte –, ist uns damit ein wichtiges Hilfsmittel zur Entzifferung der etruskischen Sprache überliefert. So sind beispielsweise auf dem Spiegel aus Arezzo, der die Geburt der Athena zeigt, die Namen von Tinia (Zeus), *Thanr, Thalna* und von Sethlans (Hephaistos) zu lesen. Letzterer hat bekanntlich das Haupt von Zeus gespalten.

Neue Antworten auf die zwei großen Fragen nach Herkunft und Sprache der Etrusker

Massimo Pallottino hat es verstanden, die zwei Fragen nach Herkunft und Sprache der Etrusker, welche die Forschungsdiskussion über die Etrusker im Verlauf der vorangegangenen Jahrhunderte vergiftet haben, zu entschärfen. Zum einen ist kein Volk der Welt komplett umgesiedelt. Wie die meisten Völker, so sind auch die Etrusker im Laufe eines jahrhundertelangen Prozesses als eine „Mischung" aus größtenteils einheimischen, aber auch eingewanderten Bevökerungsteilen entstanden. Wenn auch das Studium der Herkunft einen gewissen Reiz behält, wird von nun an die Auffassung vertreten, daß das Hauptinteresse dem Studium vom Werden des etruskischen Volkes auf dem Boden Mittelitaliens gelten solle, wo es sich entwickelt und diese glanzvolle Kultur hervorgebracht hat.

Zum anderen ist die rätselhafte Sprache der Etrusker ein Thema, das immer wieder fasziniert. Es hat keinen Zweck, ihre Sprache gänzlich von der einen oder anderen Sprache, wie dem Hebräischen oder dem Ägyptischen, ableiten zu

In den ältesten Gräbern der großen Grabhügel von Cerveteri (unten abgebildet) sind Vasen entdeckt worden, die bereits Graffiti in Etruskisch haben. Die meisten der Inschriften sind sehr kurz: Auf dieser kleinen, oben abgebildeten Bronzeplatte von Orvieto (ein Votivbild) steht (von rechts nach links) THVAL VEAL zu lesen.

wollen, auch wenn dies vor kurzem noch versucht wurde; lediglich Phantasten bringen weiterhin die etruskische Sprache global mit dem Türkischen, dem Albanischen oder dem Hethitischen in Verbindung. Seriöse Forscher versuchen dagegen, die Struktur der Sprache durch einen Vergleich der verschiedenen, von Jahr zu Jahr zahlreicheren Inschriften zu entschlüsseln. Auf diese Weise erhalten sie auch eine immer reichhaltigere Dokumentensammlung, welche die Forschungen insgesamt beflügelt.

Hoffnungen und Enttäuschungen in Pyrgi

Im Jahre 1964 findet man in Pyrgi, einem der Häfen von Caere, im Laufe der Ausgrabung eines Haupttheiligtums drei Goldbleche, die flächendeckend beschrieben sind: Auf zweien von ihnen steht ein kurzer und ein längerer etruskischer Text, und auf dem dritten ist ein Text in phönizischer Sprache abgefaßt. Man glaubt, eine zweisprachige Inschrift gefunden zu haben und damit die etruskische Ausführung des Steins von Rosetta vor sich zu haben. Doch leider sind der längere etruskische Text und der phönizische Text einander nur annähernd ähnlich, aber nicht identisch. Auch wird die phönizische Inschrift von den Spezialisten des Semitischen sehr unterschiedlich interpretiert. Trotz allem haben diese Goldbleche unsere Kenntnisse über gewisse Phänomene der etruskischen Sprache, insbesondere die Zahlensymbole, präzisiert.

Diese Ausgrabung von Pyrgi ist übrigens eine der ertragreichsten in den letzten Jahrzehnten gewesen; weitere archäologische Forschungen haben noch die Häfen erfaßt, wo die Präsenz von Fremden, besonders von Griechen, ausreichend bezeugt war. Die Ausgrabungen von Gravisca, einem der Häfen von Tarquinia, sind in dieser Hinsicht

Die Goldbleche von Pyrgi (ungefähr 500 v. Chr.) – in der Abbildung oben die beiden, die eine etruskische Inschrift tragen – sind in einem Brunnenbecken zwischen zwei Tempeln deponiert worden, einem während der Zerstörung des Heiligtums sorgfältig eingerichteten Versteck. In den zwei Texten läßt sich der Name des Magistrats von Caere, Thefarie Velianas (im rechten Text VELIIUNAS geschrieben) erkennen. Er soll der Göttin Uni, deren Name am Anfang der dritten Zeile der linken Inschrift zu lesen ist, ein Heiligtum geweiht haben.

exemplarisch. Ein weiterer erstaunlicher Nebeneffekt der Ausgrabungen ist die intensive internationale Zusammenarbeit, die sich hierbei ergeben hat. Die Italiener haben nach dem Zweiten Weltkrieg britischen (Veji), französischen (Bolsenasee), schwedischen (Acquarossa, San Giovenale), deutschen (Talamone) und amerikanischen (Cosa, Murlo) Gruppen die etruskischen Gebiete der Toskana und des Latium zugänglich gemacht, wo spektakuläre Ergebnisse erzielt worden sind.

Noch immer wird in den Nekropolen gegraben, doch das Interesse gilt zunehmend auch den Städten der Lebenden.

Im Laufe der Zeit haben sich viele Dinge hinsichtlich der Ausgrabungsmethoden und Grabungsziele verändert. Lange Zeit haben die Ausgräber ihre Anstrengungen fast ausschließlich auf die Nekropolen und gelegentlich auf die Tempel konzentriert. Die Gründe für diese Auswahl sind leicht nachvollziehbar: Hauptziel war es, Objekte zu finden, nach Möglichkeit schöne und gut erhaltene, um sie in Sammlungen auszustellen oder sie zu verkaufen.

Erst allmählich begann man, sich für die Alltagskultur der Etrusker und ihre Wohnstätten zu interessieren.

Der Handel mit Altertümern ist eine sehr lukrative Tätigkeit. Trotz der Bemühungen des italienischen Staates gehen die berühmt-berüchtigten „tombaroli", die Grabräuber, weiterhin dieser Tätigkeit nach und beliefern den antiken Kunstmarkt. Unversehrte Vasen oder wenig beschädigte, wertvolle Objekte sind am leichtesten in den Nekropolen zu finden: In den Wohnhäusern sind im allgemeinen nur Keramikfragmente zu entdecken, einfache Scherben ohne Verkaufswert.

Zudem wurden häufig dieselben Plätze kontinuierlich besiedelt, und so

Diese lebensgroße Giebelstatue aus Terrakotta stammt aus dem 6. Jahrhundert v. Chr. und stellt eine sitzende Person mit schmalem Bart dar. Sie wurde mit mehreren Bruchstücken ähnlicher Statuen – wahrscheinlich insgesamt dreizehn – bei Ausgrabungsarbeiten in der Herrschaftsresidenz von Murlo gefunden, 25 km südlich von Siena. Ein dicker, gebogener Dachziegel am Sockel einiger Fragmente zeigt, daß diese Statuen auf dem Dachgiebel plaziert waren. Wahrscheinlich stellen sie die Ahnen dar, die den Palast ihrer aristokratischen Familie beschützen sollen.

ist es äußerst schwierig, die etruskische Stadt freizulegen, die sich unter einer modernen Stadt befindet. So haben in Caere oder in Orvieto die mittelalterliche und die moderne Stadt die etruskische Siedlung überlagert. Außerdem macht die Erforschung einer Wohnstätte, soweit dies möglich ist, eine ziemlich breitflächig angelegte Ausgrabung notwendig. Nur so lassen sich beispielsweise die Prinzipien der Stadtplanung nachvollziehen – oder manchmal das Fehlen von Ordnungsentwürfen.

Trotz dieser Schwierigkeiten sind Archäologen und Historiker, die heute einen umfassenden Überblick über die antiken Gesellschaften erstreben, auf der Suche nach einer adäquaten Gesamterfassung von Wohnkultur und Alltagsleben aller Einwohner. Entsprechende Ausgrabungen sind demzufolge während der letzten Jahrzehnte in Acquarossa und San Giovenale, nahe von Viterbo, und in Murlo, in der Nähe von Siena, durchgeführt worden. Erst vor kurzem wurden sehr vielversprechende Ausgrabungsstätten auf dem Gebiet von Tarquinia und Cerveteri angelegt; ein außergewöhnliches Beispiel ist Marzabotto, in der Nähe von Bologna, wo der Kern der antiken Stadt ausgegraben

Sternstunde der Etruskologie: An einem Tag des Jahres 1916 wird der Apollo von Veji entdeckt. Diese Giebelfigur des sogenannten Portonaccio-Tempels ist wahrscheinlich das Werk eines großen Meisters der Terrakottaskulptur, des einzigen etruskischen Künstlers, dessen Name uns durch die literarischen Quellen überliefert worden ist: der Koroplast (Tonbildhauer) Vulca von Veji.

Die moderne Museologie gebietet, die Gräber in einsichtiger Weise und vor allem mit ihrer ganzen Ausstattung zu zeigen. Es befriedigt nicht mehr, Tausende von Vasen wahllos in den Vitrinen anzuhäufen. Hier ist die Ausstattung eines Grabes von Cerveteri von der zweiten Hälfte des 7. Jahrhunderts v. Chr. mit ihrer Bucchero-Keramik und ihrer bemalten Aschenurne zu sehen.

werden konnte. Dort hat es keine kontinuierliche städtische Besiedlung gegeben, und daher kennen wir auch nicht den etruskischen Namen dieses Ortes.

Die Fortschritte in der Stadtarchäologie bedeuten indes nicht, daß die Ausgrabungen der Nekropolen aufgegeben worden sind – und sei es auch nur, weil Gräber oft im Laufe von sogenannten Notgrabungen entdeckt werden. Doch begnügt man sich nicht länger damit, das dem Grab beigegebene Material sorgfältig zusammenzutragen. Dieses wird von nun an als Ausdruck einer Sozialstruktur unter all seinen Aspekten untersucht. Gewisse Gegenstände und Abbildungen stellen in der Tat authentische Statussymbole dar. Das Ausgraben einer Nekropole soll heute eine Vielzahl an Informationen liefern und auf eine Analyse des Grabkultes des betreffenden Volkes hinauslaufen.

Auch wenn wir die Epoche der wissenschaftlichen Etruskerforschung betreten haben, birgt der etruskische Boden noch viele Überraschungen für zukünftige Archäologen. Die Entdeckung der Etrusker dauert zwar schon seit Jahrhunderten an, aber das letzte Kapitel dieser Geschichte ist noch nicht geschrieben.

George Dennis bestätigte bereits, daß das vulkanische Gebiet im Nordosten des Bolsenasees, in dem Sorano (rechts) liegt, eine der faszinierendsten Landschaften in Zentraletrurien ist. Die Stadt liegt auf einer Hochebene, die von steil abfallenden Felswänden begrenzt ist. Einige Kilometer entfernt finden sich Gräber mit Säulen und Giebeln, die in den Fels gemeißelt sind.

Zweites Kapitel
DIE GEBURT EINER NATION

Woher stammen die Etrusker? Vielleicht aus dem Orient? Diese Frage hat die Etruskerforscher lange Zeit beschäftigt. Heute ist man sich weitgehend einig: Die etruskische Kultur hat sich über einen großen Zeitraum hinweg in Italien entfaltet. Aus dem Kontakt mit griechischen Siedlern und orientalischen Händlern ist die etruskische Nation hervorgegangen.

Das Wort „Kanope", das diese Aschenurnen aus der Gegend von Chiusi bezeichnet (links), ist nach dem Feldzug Napoleon Bonapartes und der nachfolgenden Mode aus Ägypten entlehnt worden. Mit der Zeit entwickelten die Etrusker eine zunehmende Anthropomorphisierung von Gefäßen. Hier ein sitzendes Kind aus Bronze.

Die Kultur der Etrusker ist die erste Hochkultur, die auf italienischem Boden entsteht. Ihre Blütezeit erlebt sie im 7. und 6. Jahrhundert v. Chr. Sie entfaltet sich im wesentlichen zwischen Tiber und Arno, zwischen Apennin und Tyrrhenischem Meer.

Im Gegensatz zu dem unausrottbaren Mythos, der ständig wieder aufgegriffen wird, hat die etruskische Kultur nichts Mysteriöses. Wenn die Etrusker über einen Zeitraum hinweg ihre Herrschaft und Kultur im größten Teil Italiens durchzusetzen vermögen, so liegt der Grund zunächst und einfach darin, daß sie über beträchtliche Ressourcen verfügen: Die Fruchtbarkeit des Ackerlandes ermöglicht die großzügige Produktion von Wein und Öl. Neben dem Getreide sind dies die beiden Haupterzeugnisse des antiken Mittelmeerraums. Daneben ist das Vorkommen von Bodenschätzen, besonders Eisen, das in der Wirtschaft der Antike eine vorrangige Rolle spielt, beträchtlich. Neben einem Etrurien des Bergbaus im Norden, um Populonia, kann für das Gebiet weiter im Süden, um Vulci und Caere, von einem Etrurien des Weins gesprochen werden.

„Selbst die Namen der zwei Meere, das obere und das untere Meer, die Italien wie eine Insel umgeben, belegen die Größe der Macht (der Etrusker): Die Italiener nennen das eine Toskanisches Meer, das andere Adriatisches Meer, vom Namen Adria, einer Kolonie der Etrusker. Die Griechen bezeichnen sie als Tyrrhenisches (griechisch: „Etruskisches") Meer und „Adriatisches Meer."

Livius

Aus geographischer und ebenso aus historischer Sicht gibt es keine etruskische Einheit.

Die Geschichte Etruriens ist zunächst die Geschichte verschiedener Städte. Verbindendes Element ist die gemeinsame Sprache und das Bewußtsein einer gemeinsamen Herkunft.

Das südliche Etrurien wird von vulkanischem Gelände mit Hochebenen aus Tuffstein, wahren Vorgebirgen, bestimmt, auf denen die großen Städte errichtet werden: Dies ist der Fall bei Veji, Caere und Tarquinia. Der eindrucksvollste Ort ist vielleicht das im Inneren Etruriens gelegene Volsinii (das heutige Orvieto), das große religiöse Zentrum des Landes.

Im nördlichen Etrurien werden die Siedlungen eher auf Gruppen von kleinen, durch Bodensenkungen voneinander getrennten Hügeln errichtet. Ein Beispiel ist Perugia, das sich über mehr als 30 Hektar an den Grenzen von Umbrien entlang des Tibertals und im Osten des Trasimenischen Sees erstreckt. In diesem Teil von Inneretrurien spielen die Flüsse die entscheidende Rolle, denn um den Tiber und den Chiana, der von Chiusi kontrolliert wird, sind die einzigen Ebenen zu finden, deren landwirtschaftlicher Reichtum zu einer Vielzahl von Bewirtschaftungen

Quinto Fiorentino
Fiesole
Mt. Falterona
Pisa
Arno
Arno
E T R U R I E N
Castellina in Chianti
Arezzo
Tiber
Volterra
Cecina
Gubbio
U M B R I E N
Cortona
Lago Trasimeno
Murlo
Chiana
Populonia (Piombino)
Chianciano
Chiusi
Perugia
Assisi
Sarteano
Mt. Cetona
Vetulonia
Roselle
Paglia
Elba
Ombrone
Fiora
Todi
Volsinies (Orvieto)
Saturnia
Sovana
Bolsena
Lago di Bolsena
Monteleone di Spoleto
Castro
Tiber
Talamone
Albegna
Bisenzio
Marsiliana
Acquarossa
Orbetello
Cosa
Viterbo
Tuscania
Vulci
Castel d'Asso
S A B I N A
Norchia
Tarquinia
Faleries
Luni
Gravisca
Narce
Capena
Mt. Tolfa
Lago di Bracciano
Veies
Pyrgi
Cerveteri
Fidenes
Tivoli
ROM
Preneste
L A Z I O
Tiber
Albano
Mt. Cavo
Ostia
Nemi
Velletri
Lavinio
TYRRHENISCHES MEER
0
50 km
Marseille
ILLYRIEN
ADRIATISCHES MEER
ETRURIEN
Korsika
Atalia
Rom
Cumae
KAMPANIEN
APULIEN
Sardinien
TYRRHENISCHES MEER
Termini Imerese
Sizilien
GROSSGRIECH. REICH
Karthago
Malta
SIZILIANISCHES MEER

und sogar zur Entstehung kleinerer Zentren führt. Zwar gibt es, abgesehen von den Ausläufern des Apennins und des Monte Amiata, kaum gebirgsreiche Flächen, und auch ausgedehnte Ebenen sind selten, doch sind die Seen sehr zahlreich vertreten. Sie werden von einigen der wichtigsten Metropolen umgeben: der Trasimenische See zwischen Cortona, Chiusi und Perugia, der Bolsenasee zwischen Volsinii und Vulci, der Ciminiussee, heute Vicosee, zwischen Sutri und Viterbo, nahe der großen Felsenstädte Etruriens, und der Sabatinussee – heute der Braccianosee – im Norden von Cerveteri und Veji. Neben diesen Seen vulkanischen Ursprungs muß noch der Lacus Prilius genannt werden, der in Wirklichkeit eine große, seit der Antike ausgetrocknete Lagune ist, in deren Nähe sich nach und nach die Städte Vetulonia und Roselle entwickeln. Diese kontrollieren überdies das Gebiet an der Mündung des Ombrone, eines der wenigen Flüsse, die es erlauben, in das Innere Etruriens vorzudringen.

Auch wenn andere küstennahe Flüsse, der Albegna und der Fiora,

„Eine Schlucht öffnet sich, ein schmaler Einschnitt. In einem Bett aus schwarzen vulkanischen Steinen schlängelt sich ein Wildbach, der Fiora. (...) Der Brückenbogen, der seit 2000 Jahren Vulci mit seiner Nekropole verbindet, überspannt die wilde Schlucht. Der Brückenbelag wurde von den Römern erneuert. Das Wasser, das aus einer alten römischen, jetzt verschwundenen, Leitung hervorquillt, hat diese mit Kalkablagerungen eingefaßt, die Blumengewinden ähneln.“
Sibylle von Cles Reden

eine Rolle in der Besiedelung dieser Gegenden spielen, so ist doch die Küste selbst ziemlich unwirtlich und zählt nur zwei natürliche Häfen, Populonia und Talamone.

Populonia ist, wegen des Eisenvorkommens auf der Insel Elba, die einzige große etruskische Siedlung, die direkt am Meer errichtet worden ist. Im allgemeinen wird in der Antike diese Siedlungswahl auch deshalb vermieden, weil man mit Übergriffen von Piraten rechnen mußte. Der ganze südliche Küstenstreifen und sein Hinterland, die toskanischen und latinischen *Maremmen*, bleiben bis zum 19. Jahrhundert ein Gebiet ungesunder Sümpfe, das Fieberkrankheiten begünstigt. Hingegen verstanden es die Etrusker, diese Gebiete während einiger Jahrzehnte dank der Meisterleistungen ihrer Wasserbauingenieure fruchtbar zu machen.

Darstellungen des Ackerbaus sind in der etruskischen Kunst seit der Villanova-Zeit sehr geläufig. Doch ist diese Figur wirklich ein einfacher Bauer bei der Arbeit, hinter seinem Pflug und seinen Ochsen? Seine Kopfbedekkung legt nahe, daß es sich um einen Priester handeln könnte, der dabei ist, heiligen Grund abzugrenzen. Diese Riten waren in der disciplina etrusca, besonders während der Gründung der Städte, von großer Bedeutung: Die Römer haben sie übrigens aus Etrurien entlehnt, und Romulus seinerseits verfährt bei der Gründung der Urbs, der Gründung Roms, nicht anders.

Die Villanova-Kultur

Als Vorläufer der Etrusker, manchmal auch als „Proto-Etrusker“ bezeichnet, läßt sich im 9. Jahrhundert v. Chr. eine Kultur in Mittelitalien erkennen, die nach einem Fundort in der Nähe der

Die phantasievolle Vorstellungskraft der Villanova-Leute findet sich hauptsächlich in ihrer Vorliebe für Vasen in Tierform, den „Askoi“, wieder: Sie haben übrigens keine Scheu vor hybriden Kompositionen, wie man dies bei diesem auf Räder gesetzten Räucherfaß aus Vogelkörper und Hirschkopf sieht. Doch „die grundlegende Darstellung gilt jenem Tier, das für die Viehzucht und die Feldarbeiten wesentlich ist, dem unten abgebildeten Ochsen, der als Symbol für Stärke und Wohlstand begriffen wird“.

Ranuccio Bianchi-Bandinelli

Stadt Bologna „Villanova-Kultur“ genannt wird. Nach einer Phase der Weiterentwicklung und Aufnahme fremder Elemente kann man ab 700 v. Chr., als die ersten in etruskischer Sprache verfaßten Inschriften entstanden, von einer etruskischen Kultur sprechen. Das massive und plötzliche Auftreten eines Volkes, das sich bereits vollständig auf dem Boden Mittelitaliens konstituiert und diese Kultur sozusagen vorgefertigt mitgebracht hätte, muß als Theorie ausgeschlossen werden.

Vielmehr sind die etruskischen Metropolen das Ergebnis des Zusammenwachsens (Koagulation) von verschiedenen Dörfern der Villanova-Zeit. Dieses Phänomen kann hauptsächlich in der weit entwickelten Region Südetrurien festgestellt werden. In dieser Hinsicht ist das Gebiet von Veji überaus repräsentativ: Etwa zehn Dörfer sind auf einer Hochebene von ungefähr 190 Hektar ausfindig

gemacht worden, und dies ergibt eine Situation, die bereits als „proto-urban" bezeichnet werden kann.

Hüttenurnen, vereinfachte Modelle der Villanova-Häuser

Noch heute veranschaulichen vor allem die Nekropolen die charakteristischen Merkmale der Villanova-Kultur. Zu jener Zeit ist die Feuerbestattung üblich: Die aus einem ziemlich groben Ton, dem *Impasto*, gefertigten Urnen haben größtenteils eine sehr typische bikonische Form; was sie unterscheidet, ist ihr Deckel, hier ein einfacher Napf, dort ein Helm, der aus Bronze sein kann. Während der Napf auf alle Aufgaben des Haushaltes, über den die Frau herrscht, verweist, symbolisiert der Helm die kriegerische Aktivität der Männer. In Südetrurien – wie in Latium – findet sich eine besondere Art von Aschenurnen: Urnen in Form von Hütten. Dank ihrer zahlreichen Details (Dach, Tür, Fenster) bieten sie die Möglichkeit, sich eine Vorstellung von den wirklichen Hütten zu machen, in welchen die Villanova-Leute lebten.

Hier sind typische Erzeugnisse der Villanova-Kultur zu sehen: Hüttenurnen vom Typ derjenigen, die oben abgebildet ist, fand man vor allem in Tarquinia und Veji, aber vereinzelt auch in Kampanien. In Tarquinia, in der Nekropole der Monterozzi, woher die Askoi stammen (linke Seite), haben neue Ausgrabungen ein richtiges Dorf mit Hütten der Villanova-Kultur in ovaler oder rechteckiger Form freigelegt. Sie erinnern auch an die Hütten vom Palatin in Rom. Zwar sind von diesen nicht mehr als einige bescheidene Pfostenlöcher vorhanden, die in den Fels gehauen wurden, dennoch bestätigen sie das Gründungsdatum von Rom (753 v. Chr.). Nebenstehende Abbildung zeigt eine bikonische Urne aus Impasto, die mit einfachen geometrischen Motiven verziert und mit einem Metallhelm bedeckt ist.

Auf dem Weg zum Etrurien der Fürsten

Als imperialistische Macht breiten sich die Etrusker der Villanova-Zeit in Kampanien und um Bologna aus. Im 8. Jahrhundert betreiben sie Tauschhandel mit seinen nächsten Nachbarn, was nicht ohne Rückwirkung auf die Strukturen der Gesellschaft bleibt: Austausch und Handel ergibt sich zwischen Populonia – aber auch Vetulonia und Vulci – und Sardinien, doch vor allem mit Euböa. Die Urnen der älteren Villanova-Kultur sind Bestandteil einer rudimentären Grabausstattung, zu der persönliche

Gegenstände, wie Rasiergerät, Fibeln, Waffen etc. gehören. Die Homogenität der Grabbeigaben läßt auf eine mehr oder weniger klassenlose Stammesgesellschaft schließen. Mit wachsendem Wohlstand werden die Gräber allmählich abwechslungsreicher gestaltet, und bisweilen gewinnt die Ausstattung durch die Anzahl und die Qualität der Gegenstände beträchtlich an materiellem Wert. Am Ende des 8. Jahrhunderts tritt eine Klasse von Herrschenden auf: In mehreren Gegenden Etruriens kommen Gräber zum Vorschein, die zu Recht als Fürstengräber bezeichnet werden.

Nach orientalischer Mode

Obgleich vor kurzem einige Siedlungsstätten freigelegt wurden – im Norden Murlo, im Süden Acquarossa –, bieten die Nekropolen noch immer die besten Möglichkeiten, diese Epoche um 700 v. Chr., die als „orientalisierende" bezeichnet wird, zu charakterisieren: Die Gräber sind zu dieser Zeit voller Beigaben, die den orientalischen Einfluß verraten.

Es sind Gegenstände, die tatsächlich aus dem Orient importiert oder an Ort und Stelle von Handwerkern, die in Etrurien eingewandert sind, hergestellt wurden. Manchmal wurden sie wohl auch von einheimischen Künstlern nachgeahmt.

Einige Archäologen und Historiker haben darin einen deutlichen Beleg für ihre Hypothese gesehen, daß die Etrusker als eigenständiges Volk aus dem Orient oder aus Lydien eingewandert seien. Dagegen spricht allerdings, daß diese Gegenstände auch anderswo im Mittelmeerraum zu finden sind, ohne daß daraus die gleichen

„Das Dekor dieser Schale (unten) besteht aus übereinanderliegenden Bändern, auf denen Jagdszenen, Paraden von Kriegern zu Fuß, zu Pferd oder im Wagen, ländliche Szenen mit einem Bauern und einem Schäfer, der seine Herde gegen einen Löwen verteidigt etc. abgebildet sind. Diese ganze typisch zyprisch-phönizische Zusammenstellung ist mit viel Geschicklichkeit ausgeführt. Dagegen sind die Schlangenköpfe viel grober gefertigt. Es handelt sich also offensichtlich um einen importierten Gegenstand, der dann in einem viel weniger begabten künstlerischen Milieu verändert worden ist, das wir als lokal einstufen dürfen und als etruskisch wiedererkennen können."

R. Bianchi-Bandinelli

Schlüsse gezogen würden. Doch die orientalistische These, die seit der Antike fest verankert ist, sowie die offensichtliche Sonderstellung der Etrusker in Italien, vor allem ihre sprachliche Enklave, führten zu spekulativen Schlußfolgerungen.

Diese Hände aus Vulci, die aus der Mitte des 7. Jahrhunderts v. Chr. stammen, sind aus Bronze und mit kleinen goldenen Nägeln geschmückt. Dagegen ist der etwa 20 cm lange Unterarm (linke Seite) aus Elfenbein gefertigt und diente als Fächerstiel: Er ist mit Reihen wirklicher oder sagenhafter Tiere (Löwen, Chimären, Sphingen, Hirsche) verziert, die typisch für die orientalische Richtung des Etruskischen sind. Elfenbeinarbeiten gibt es besonders in Zentraletrurien bis ins 6. Jahrhundert.

Die stolzen Tumuli von Caere

Am Ende des 8. Jahrhunderts entwickelt sich im größten Teil Etruriens der Bestattungsritus weiter: Die Feuerbestattung wird von der Erdbestattung abgelöst. Diese einschneidende Veränderung hat stark dazu beigetragen, die Vorstellung von der Ankunft eines neuen Volkes glaubhaft zu machen. In Wirklichkeit enthüllen diese Bestattungsriten kulturelle und nicht ethnische Gegebenheiten.

Im zweiten Viertel des 7. Jahrhunderts tauchen in Caere einige gewaltige *Tumuli* auf. Das Grab ist oft vollständig in den Tuffstein gehauen. Bisweilen ist es zur Hälfte in den Boden eingelassen und zur Hälfte aufgebaut – wie das berühmte und prunkvolle Regolini-Galassi-Grab. In diesem Falle hat der Grabhügel aus Erde auch eine funktionelle, eine schützende Wirkung. Doch der große *Tumulus* hat zunächst und vor allem einen eindrucksvollen, beinahe politischen Charakter. Mit einem Durchmesser, der 50 m erreichen kann, symbolisiert er weithin sichtbar Macht und Stolz der herrschenden Kaste der Fürsten. Sie sind hier mit großem Prunk bestattet, während sich um sie herum einfache und bescheidene Grabstätten gruppieren. Dies ist die an Ort und Stelle greifbare, sehr deutliche Umsetzung der etruskischen Gesellschaftsstruktur dieser Epoche.

Aus der Vogelperspektive erscheint die Banditaccia-Nekropole in Caere wie eine Ansammlung gigantischer Maulwurfshügel. Die Kuppel der ältesten Tumuli ruht auf einem zylindrischen Zwischenteil (Tambour), das durch ein mit Zierleisten (Blenden und Wülste) versehenes Gesims verziert ist: Es handelt sich hier um die erste architektonische Steindekoration in Italien. Ein Sockel ermöglicht es, auf die Kuppelspitze zu gelangen: Dort können so bestimmte Beerdigungsriten durchgeführt werden, und die Zuschauer, die an den Bestattungsfeierlichkeiten teilnehmen, können dort ihren Platz einnehmen.

Eine aristokratische Gesellschaftsform

Die Untergebenen der stolzen etruskischen Aristokratie befinden sich in einer für die Antike nicht ungewöhnlichen juristischen und sozialen Situation auf halbem Wege zwischen Sklaverei und Freiheit: Sie haben zwar das Recht, Vermögen zu besitzen, doch sind sie an Verpflichtungen gebunden, vor allem an Dienste beim Militär und in der Landwirtschaft. Dionysios von Halikarnassos gibt ein Beispiel für diese Pflichten: Im Jahre 480 v. Chr. fordert Rom während des endlosen Krieges gegen Veji die Unterstützung des etruskischen Bundes und erhält sie sogar unverhoffterweise: „Aus ganz Etrurien waren die mächtigsten Fürsten gekommen und führten ihre ‚penestai' mit sich." Dionysios betont mit der Verwendung dieses Wortes, das einige „abhängige" thessalische Völker bezeichnet, die unsichere und erbärmliche Lage der abhängigen *Klientel.*

Wenn die Gräber von Caere und anderswo als Fürstengräber eingestuft wurden, so geschah dies auch aufgrund der reichen Ausstattung, mit der der Leichnam des wichtigsten Mitglieds der Familie, dem „Gründer" des Grabes, bestattet worden war. Hier läßt sich sagen, daß das Innere des Grabes den äußeren, ehemaligen Status des Toten widerspiegelt.

Der unglaubliche Reichtum der Barberini- und Bernardini-Gräber von Praeneste

Neben dem Regolini-Galassi-Grab von Caere dürfen die zwei Gräber von Praeneste – Barberini und Bernardini – nicht vergessen werden, deren Ausstattung sich im Museum der Villa Giulia befindet. Warum aber sind die etruskischen Fürsten ausgerechnet in der latinischen Stadt Praeneste bestattet worden? Diese Stadt, die im Südosten von Rom gelegen ist, kontrolliert die Straße, die von Etrurien nach Kampanien führt, und die etruskischen Fürsten erheben dort Zoll. Damit läßt dieser Bestattungsort die Bedeutung des wirtschaftlichen Austausches erkennen, der sich zwischen den beiden Regionen abspielt. Bei einer Bestandsaufnahme des Bernardini-Grabes, einem Fürstengrab aus den Jahren vor der Mitte des 7. Jahrhunderts, sind ungefähr 100 Gegenstände registriert worden: etwa zehn goldene, 40 silberne, 30 aus Bronze und einige weitere aus Eisen, Fayence, Glas, Bernstein und Elfenbein, wobei allein letzteres schon die Beziehungen Etruriens zum Orient verdeutlicht. In Vetulonia wurden übrigens rohe, noch unbearbeitete Elfenbeinstücke gefunden, die ein Beweis dafür sind, wenn es dessen überhaupt bedarf, daß nicht

Dieser Anhänger mit dem Kopf des Acheloos (oben abgebildet) wird im Louvre aufbewahrt und stammt aus dem 6. Jahrhundert v. Chr. Er ist ein Beispiel für die meisterhafte etruskische Goldschmiedekunst.

Zu allen Zeiten und in jedem Alter tragen die Etrusker Schmuckstücke: nebenstehend Ohrringe an einer weiblichen Kanope aus Chiusi.

Miniaturen und Goldstaub

Über die Techniken der etruskischen Goldschmiedekunst, insbesondere über die Granulation, ist viel diskutiert worden. In Wirklichkeit handelt es sich nicht um eine ursprünglich etruskische Technik, denn sie kann beim Schatz des Priamos aus Troja (2350 – 2100 v. Chr.), in Ägypten zu Beginn des 2. Jahrtausends v. Chr. und dann in Griechenland in verschiedenen Epochen nachgewiesen werden. Es ist jedoch auch richtig, daß die Etrusker es verstanden, derart winzige „Körnchen" zu fertigen, daß von Goldstaub gesprochen werden konnte. – Auffällig ist darüber hinaus, daß die etruskischen Goldschmiede selbst kleinste Teile aufwendig verarbeitet und verziert haben, wie diese Beispiele zeigen.

all diese zumeist kostbaren Gegenstände von oftmals feinem Dekor aus dem Orient, aus Syrien oder Zypern eingeführt wurden. Denn die meisten von ihnen sind an Ort und Stelle gefertigt worden, entweder von heimischen Handwerkern, die importierte Objekte oder Muster nachahmten, oder von griechischen oder orientalischen Handwerkern, die in Etrurien eingewandert waren.

Wie dem auch sei, die gesamte zyprisch-phönizische, ägyptisierende oder auch aus Urartu, dem heutigen Armenien, stammende Sammlung, all diese Löwen, diese Sirenen, diese Sphingen genügen, um das Attribut „orientalisierend" verständlich zu machen, das dieser Epoche gegeben wurde.

Diese flache Schale aus vergoldetem Silber lehnt sich an ägyptische Vorbilder an und stammt aus dem Regolini-Galassi-Grab. Fünf Figuren aus bemalter Terrakotta von nebenstehendem Typ (47 cm hoch) befinden sich auf steinernen Sitzen eines in Tuffstein gehauenen Grabes von Cerveteri. Zurecht wird dies Grab, das aus der Zeit um 600 v. Chr. stammt, das „Grab der fünf Sitze" genannt. Bestimmte Merkmale der Figuren, wie die Form ihres Mantels und die Stelle, an der die Fibel auf der rechten Schulter angebracht ist, zeigen, daß diese Leute nach einer 50 Jahre älteren Mode gekleidet sind.

Die Goldschmiedekunst und das Bucchero: unerreichte Techniken

Unter den Objekten, die in Etrurien selbst gefertigt wurden, befinden sich zahlreiche Schmuckstücke aus Gold, Meisterwerke der Goldschmiedekunst, die mit Hilfe der *Granulationstechnik* verziert worden sind. Auch wenn diese Technik, die im Formen von winzigen Goldkugeln besteht, die dann auf einem Träger befestigt werden, nicht von den Etruskern erfunden worden ist, so hat sie doch durch dieses Volk Etruriens einen Grad höchster Vollendung erreicht.

Daneben findet sich in den meisten Gräbern dieser Epoche eine für Etrurien überaus typische Keramik: Der Bucchero, eine schwarz geschmauchte Keramik mit glänzender schwarzer Oberfläche. Diese lokalen Produkte treten in den Jahren um 670 zunächst in Caere auf, das seine Erzeugnisse bis nach Karthago zu exportieren beginnt. Die Wände der Vasen sind äußerst dünn; häufig sind sie außerdem mit eingeritzten geometrischen Motiven verziert. Man spricht hier vom „Bucchero sottile" (feinem Bucchero). Im letzten Drittel des 7. Jahrhunderts erscheint eine außergewöhnliche Bucchero-Produktion mit figürlichen Dekorationen. So ist auf einer Vase, die in Veji entdeckt worden ist, neben den üblichen Tiermotiven auch ein Boxkampf zu sehen. Zwei jener Faustkämpfer, die Tarquinius der Ältere der Überlieferung nach genau zu dieser Zeit nach Rom kommen ließ, stehen sich hier gegenüber.

Nach dem 7. Jahrhundert läßt die Qualität der etruskischen Töpferwaren nach: Die Wände werden stärker, und man spricht nun vom „Bucchero pesante". Neue Formen treten in Erscheinung, wie diese Weinkanne (Oinochoe) mit einem Rinderkopf, und die Dekorationstechniken entwickeln sich hin zum Relief (in Tarquinia, Orvieto, Vulci, Chiusi). Zu Beginn des 5. Jahrhunderts ist der Bucchero wohl endgültig verschwunden und durch bemalte Vasen, die den attischen nachempfunden sind, ersetzt worden.

Um 700 v. Chr. beginnen die Etrusker zu schreiben.

Wenn die Beispiele von Caere und Praeneste auch die berühmtesten sind, so wurden doch in weiter nördlich gelegenen etruskischen Gebieten, zum Beispiel in Vetulonia und Populonia, weitere Fürstengräber freigelegt. Auf dem Gebiet von Marsiliana d'Albegna, zwischen Vulci und Populonia, das als Ausgrabungsstätte in der Folgezeit wieder in Vergessenheit geriet, sind mehrere sehr prächtige Gräber entdeckt worden. Sie gehören zur jüngeren orientalisierenden Epoche (ab 630 v. Chr.).

In einem von ihnen, das der „Elfenbeinkreis" genannt wird, ist eine rechteckige Elfenbeintafel gefunden worden, die zum Schreiben diente und auf der ein Alphabet von 26 Zeichen eingeritzt ist. Vielleicht diente es als Schreibmuster.

In der Tat schreiben die Etrusker nachgewiesenermaßen seit Beginn des 7. Jahrhunderts. Die ersten Inschriften stammen aus dieser Zeit, als die Wirtschaftsbeziehungen ausgebaut werden mußten. So hat denn eindeutig der Handel die Etrusker veranlaßt, das Alphabet von ihren griechischen Nachbarn in Cumae zu

Diese Statue eines etruskischen Kindes enthält auf der Schulter eine Inschrift, die aufgrund des fehlenden Armes unvollständig ist. Der längste etruskische Text, den wir besitzen, ist ziemlich jungen Datums (2. – 1. Jh. v. Chr.). Er hat eine recht seltsame Geschichte, die Anlaß zu phantastischen Spekulationen gegeben hat: In der Mitte des 19. Jahrhunderts hatte ein kroatischer Sammler aus Ägypten einige Altertümer mitgebracht, wie es damals üblich war, und darunter befand sich auch eine Mumie: Ein wenig später wurde dann der Text bemerkt, der mit schwarzer Tinte auf all die Binden geschrieben war. Erst im Jahre 1892 ist der Text, der mehr als 1200 Wörter enthielt, als etruskisch identifiziert worden. Es handelt sich um einen Ritualkalender, der die Zeremonien angibt, die an bestimmten Tagen des Jahres für diese oder jene Gottheit abzuhalten sind. Es darf angenommen werden, daß diese aus Leinen bestehende Buchrolle einem Haruspex oder einer kleinen etruskischen Gemeinde gehörte, die sich im Niltal niedergelassen hatte. Schließlich ist die Buchrolle wohl zu Binden zerrissen worden, um eine Mumie damit einzuwickeln.

übernehmen, um ihrer eigenen Sprache eine Schrift zu geben. Diese einfache Tatsache genügt, um einen jener Gemeinplätze, die sich am hartnäckigsten hielten, aus der Welt zu schaffen: die Auffassung von der völlig mysteriösen und unbekannten etruskischen Sprache. Wir können sie ohne Schwierigkeiten lesen, zumal sie gewissermaßen in Griechisch geschrieben ist.

Die meisten etruskischen Texte können entschlüsselt werden.

Das Schreiben bleibt bei den Etruskern den aristokratischen Kreisen vorbehalten. Fähigkeit und Gebrauch dieser Technik erscheinen als soziale Unterscheidungsmerkmale, auf die großen Wert gelegt wird. Bald setzt sich die Schrift jedoch auch in den breiteren Bevölkerungsschichten durch: Handwerker, die einem deutlich niedrigeren Stand angehören, schreiben ihren Namen auf ihre Erzeugnisse, auf Töpferwaren oder gar Wandmalereien in Gräbern.

Andererseits sind die meisten der ältesten Inschriften auf einige Wörter begrenzt, hauptsächlich Eigennamen. Sie besagen im allgemeinen, daß „dieser Gegenstand Eigentum von X ist" – genauer in Form der ersten Person: „ich gehöre X" – oder daß „Y diesen Gegenstand jener Gottheit geopfert, zum Geschenk gemacht hat". Wir können also diese Inschriften lesen und verstehen, selbst wenn manchmal beim genauen Sinn eines Wortes, das eine Opfergabe, ein Geschenk oder eine Widmung bezeichnet, Unsicherheiten bestehen bleiben können.

Augenblicklich bleibt noch viel zu tun, um auch längere Texte, die gefunden worden sind, zu entschlüsseln, doch die großen Rätsel der etruskischen Sprache werden zunehmend gelöst.

Eine Vielzahl von Inschriften erscheint auf den Votivstatuen: Dieser kleine Hund aus Bronze war offenbar der ländlichen Gottheit Selvans geweiht.

Die kleine Bronze (unten), die in der Nähe des Trasimenischen Sees gefunden wurde, nennt die Gottheit („FLERES") Tece Sans als Empfänger der Weihgabe.

DRITTES KAPITEL

DIE BLÜTEZEIT ETRURIENS

Fast ganz Italien stand unter etruskischer Herrschaft." Cato der Ältere mußte ebenso wie die anderen lateinischen Historiker eingestehen: Vor dem Aufstieg Roms herrschten die Etrusker. Die Größe Etruriens im 6. Jahrhundert liegt zunächst in seinen zwölf Städten; doch ist darin auch seine Schwäche begründet. Nie gelingt es den Lucumoen oder den Magistraten, sich problemlos zu verständigen.
Der Städtebund ist eine schwierige Einheit.

Die Macht von Porsenna, dem König von Chiusi und wahrscheinlich von Volsinii, ist am Ende des 6. Jahrhunderts beträchtlich. Plinius der Ältere hat von Porsennas Grab eine phantastische Beschreibung hinterlassen, die viele Künstler zu Rekonstruktionsversuchen inspiriert hat (links).

Die Porta all'Arco von Volterra, die zur etruskischen Stadtmauer des 4. Jahrhunderts gehört, ist auffallend gut erhalten, auch wenn der Bogen selbst in römischer Zeit teilweise restauriert worden ist. Die drei vorspringenden Köpfe, die aus schwarzem Tuffstein gehauen wurden, sind das charakteristische Element des Torbogens und dürften Schutzgötter der Stadt darstellen.

Am Ende des 7. Jahrhunderts v. Chr. haben sich die großen etruskischen Städte endgültig an besonders vorteilhaften Stellen herausgebildet. Bevorzugt werden vor allem Hügel und Vorgebirgszüge, die leicht zu verteidigen und von Wasserläufen umgeben sind. Alles liegt in Reichweite des Meeres und in der Nähe einer Ebene, wo die Versorgung mit landwirtschaflichen Produkten gewährleistet ist, deren Überschuß zum Verkauf gebracht wird. So wird diese Zeit für Etrurien zur Glanzzeit des Handelsverkehrs.

Deutliches Zeichen dieser Urbanisierung ist das Vorhandensein von Stadtmauern. Die ersten Befestigungen von Roselle sind aus Lehmziegeln errichtet und gehen möglicherweise auf die Mitte des 7. Jahrhunderts zurück. Um 550 wird an derselben Stelle eine mehr als 3 km lange neue Stadtmauer errichtet, die diesmal aus Stein ist. Weitere zu derselben Epoche gehörende Befestigungsanlagen sind aus Populonia, Volterra, Vetulonia und Veji bekannt.

Der etruskische Städtebau macht aus Rom die „Urbs".

Der Fall Rom ist ebenso typisch für die Bedeutung der Etrusker zu dieser Zeit. Auch wenn sich diese Stadt nicht im eigentlichen Etrurien befindet, wird sie doch von einigen antiken Autoren als etruskische Stadt erwähnt. Zwischen dem Ende des 7. und dem Ende des 6. Jahrhunderts beginnen die Etrusker mit der Trockenlegung eines sumpfigen Tals – dem Ort, an dem das zukünftige Forum Romanum errichtet werden wird – und bauen einen aufwendigen Entwässerungskanal, die „Cloaca Maxima". Eine weitere Bodensenke, das Murcia-Tal zwischen dem Palatin und dem Aventin, wird ebenfalls nutzbar gemacht, um den „Circus Maximus" errichten zu können. Für lange Zeit sollte es das weltweit größte Bauwerk für

Zirkusspiele bleiben. Diese umfangreiche Bautätigkeit betrifft aber vor allem die Tempel. Dies bezeugen der Tempel des Jupiter Optimus Maximus im toskanischen Typus auf dem Kapitol und der Tempel der Fortuna und Mater Matuta auf dem Forum Boarium, wo neuere Ausgrabungen die literarische Überlieferung bestätigt haben.

Das Etrurien der zwölf Städte

Mehrere antike Autoren erwähnen die etruskische *Dodekapolis*, eine „kanonische" Liste von zwölf Städten, die allerdings nicht immer konstant blieb. Einige Städte wurden von anderen absorbiert, und politische Rivalitäten führten zu einem vorübergehenden oder endgültigen Ausschluß dieser oder jener Stadt. Für den Versuch, den ursprünglichen Zwölf-Städte-Bund zu rekonstruieren, bedarf es objektiver Dokumente. In Frage kommen die Angaben von Livius

Seit dem 4. Jahrhundert v. Chr. war Perugia ein sehr mächtiges etruskisches Zentrum im oberen Tibertal. Mehrere Tore seiner Stadtmauer wurden in jüngere Bauten eingegliedert: Hier ist der etruskische Bogen zu sehen, der sogenannte Augustusbogen, der von zwei Türmen flankiert und von einem Fries mit fünf runden Schilden überragt wird. Die Loggia des linken Turms wurde im 16. Jahrhundert gebaut.

zu den Tributzahlungen der etruskischen Städte für den Afrika-Feldzug des Scipio im Jahre 205 v. Chr. oder auch die Inschriften aus der Kaiserzeit über die Magistrate des etruskischen Bundes. So kommt man zu dem Ergebnis, daß der erste etruskische Bund, der am Ende des 7. oder zu Beginn des 6. Jahrhunderts v. Chr. gegründet wurde, folgende Städte umfaßte: Caere, Tarquinia, Vulci und Vetulonia im Küstenstreifen von Etrurien; Veji, Volsinii, Chiusi und Perugia in Inneretrurien am Tiber; Volterra, Arezzo, Cortona, Fiesole in Nordetrurien.

Dieser Bund besitzt ein religiöses Zentrum, das Heiligtum des Voltumna, des Schutzgottes des Bundes, das sich auf dem Gebiet von Volsinii befindet. Die Religion ist das wesentliche Bindeglied für die Konföderation: Jedes Jahr werden im Fanum Voltumnae unter der Herrschaft eines gewählten Priesters, des „sacerdos", Feiern, Zeremonien und besonders die „ludi" abgehalten. Mit den panetruskischen Spielen haben wir in diesem etruskischen Delphi das Gegenstück zu den panhellenischen olympischen oder pythischen Spielen. Die gemeinsamen politischen Handlungen mußten sehr begrenzt geblieben sein. Jedoch hat die Konföderation bei der Kolonisation in der Poebene mit Sicherheit eine wesentliche Rolle gespielt, wo damals übrigens ein weiterer Zwölf-Städte-Bund mit Felsina – dem heutigen Bologna – als Hauptstadt gegründet worden sein soll.

In Rom sammeln die Kunstliebhaber die etruskischen Statuetten, die „Tyrrhena sigilla", wie Horaz sie nennt. Die kleinen Bronzen, die einzeln als Votivstatuen oder als schöne Zierde von Möbelstükken und Kandelabern zu finden sind, stellen Gottheiten, Krieger, Andächtige, Athleten etc. dar. Die seltsam langgestreckten Figuren (links) erinnern an die schlanken Gestalten Giacomettis.

Die Herrschaft der Lucumoen

Dieselben literarischen Quellen, die das Bestehen eines etruskischen Bundes der zwölf Völker (nomen etruscum) erwähnen, sprechen wiederholt von etruskischen Königen oder meist von Lucumoen, die zumindest

während der archaischen Zeit entweder an der Spitze der Städte oder an der Spitze des Bundes standen.

In der Tat wird heute oft die Frage gestellt, ob der Ausdruck „Lucumoe" wirklich eine Amtsbezeichnung oder nicht nur ein Eigenname war: Livius zufolge hieß beispielsweise Tarquinius der Ältere (Lucius Tarquinius Priscus) in seiner Sprache „Lucumo", bevor er König von Rom wurde und – in recht anachronistischer Weise – die „tria nomina" (Vorname, Familienname, Nachname) des römischen Bürgers annahm. Der Vorname Lucius erinnere noch an seinen ursprünglichen Namen Lucumo. Alles in allem liegt hier jedoch nicht zwangsläufig ein Widerspruch vor: In Deutschland gibt es ebenfalls eine Menge Leute, die „König" oder „Kaiser" heißen.

In einigen Städten hält sich das monarchische System länger als in den meisten anderen. Wenn Veji nach Aussage von Livius zu Beginn des 4. Jahrhunderts während der Eroberung durch Rom nicht die uneingeschränkte Unterstützung des etruskischen Bundes erhalten hatte, so lag dies weniger an seinem monarchischen Regierungssystem, das seit langer Zeit von den anderen Städten aufgegeben worden war, als vielmehr an der Persönlichkeit des Souveräns selbst, der sich bei allen durch ein ausgesprochenes

Zu den Attraktionen etruskischer Zirkusspiele gehören vor allem Kampfsportarten wie Ringen oder Boxen. Die Kampfszenen werden fast immer musikalisch untermalt. In dieser Szene fällt gerade einer der Kämpfer unter dem Blick des Schiedsrichters zu Boden. Als Spielregel beim Ringkampf in der Antike gilt, daß bei einem Kampf derjenige den Sieg errungen hat, dem es geglückt ist, den Gegner dreimal zu Fall zu bringen.

Sakrileg verhaßt gemacht hatte: Hatte er in seiner Wut über die Niederlage beim Wahlkampf um den Titel des obersten Priesters nicht tatsächlich alle seine Akteure und Spitzensportler mitten aus den panetruskischen Spielen zurückgezogen, die zu dieser Zeit stattfanden?

Zu welcher Zeit haben die etruskischen Lucumoen „republikanischen" Regierungsformen Platz gemacht, für die vor allem die Funktion der Magistrate nach römischem Modell kennzeichnend sind? Das letzte Beispiel könnte zu der Annahme verleiten, daß man bis zum Ende des 6. Jahrhunderts zurückgehen müsse, doch weitere bekannte Fälle weisen in eine andere Richtung. Ein Zilath, das heißt ein oberster Magistrat, ein „Prätor" – wenn ein römisches Äquivalent gesucht werden soll –, ist vom Anfang des 6. Jahrhunderts an durch eine Inschrift belegt, die vor kurzem in der Emilia an den Grenzen Etruriens gefunden wurde.

Dies berechtigt zu der Frage, ob die großen etruskischen Städte nicht schon um 600 v. Chr. ihre Regierungsform geändert haben – es sei denn, der Magistrat hätte sich auf diesem Posten unter dem Befehl eines Lucumoen befunden.

„Servius Tullius Maxtarna (links) war einer der revolutionären und plebejischen Anführer, die sich in dem Moment, in dem die Monarchie in Italien ebenso wie im gesamten Mittelmeerraum in ihren Grundfesten wankte, an der Schwelle zum republikanischen Zeitalter als Träger einer neuen Ideologie und Befreier der Völker erhoben und Könige entthronen wollten. Ist dies wirklich jener, dem die römische Annalistik mehr recht als schlecht einen Platz zwischen den beiden Tarquinii am Ende ihrer Herrschergalerie gab? Zugunsten dieser Einordnung muß gesagt werden, daß Servius Tullius, dessen Name an eine Abstammung von Sklaven (oder Herkunft aus einem anderen Land) denken läßt, als Gründer aller demokratischen Institutionen des republikanischen Roms gilt."

Jacques Heurgon

Auch Etrurien hat seine Tyrannen.

Es gilt auch als sicher, daß das 6. Jahrhundert die Einrichtung neuer, gemischter Machtformen oder – genauer gesagt – tyrannischer Machtformen im griechischen Sinne des Wortes erlebt. Servius Tullius gehört zu den mächtigen tyrranischen Herrschern. Er soll nach Tarquinius dem Älteren Rom von 578 bis 534 v. Chr. regiert haben: Die lateinischen Historiker bestanden hartnäckig auf seiner latinischen Herkunft, um die etruskische Präsenz in

Der Sarkophag (unten) eines Magistrats aus Cerveteri

Von nebenstehendem Fresko wurde behauptet, daß es „das älteste Standporträt der ganzen europäischen Malerei" sei. Die dargestellte Person, Vel Saties, ist ein Adeliger aus Vulci vom Ende des 4. Jahrhunderts v. Chr.: Er bereitet sich darauf vor, den Flug eines Vogels zu beobachten, um daraus Schlüsse für die Zukunft zu ziehen. Der kleine Sklave Arnza will den Vogel gerade fliegen lassen. Die Kunst des Weissagens ist der herrschenden Klasse vorbehalten. Vel Saties trägt eine prächtige Toga, die mit figürlichen Motiven geschmückt ist: Es handelt sich um eine „toga picta", die später den römischen Triumphator kleiden wird. Die meisten etruskischen Herrschaftsinsignien werden in Rom als Zeichen der republikanischen Magistrate (Rutenbündel, Amtssessel ...) wiederaufgenommen.

Rom während des gesamten 6. Jahrhunderts zu verschleiern; eine Präsenz, die allein schon den Inschriften zufolge unbestreitbar ist. Erst vor kurzem ist in Sant' Omobono, auf dem Gebiet des Forum Boarium, eine kleine Elfenbeinstatuette gefunden worden, die einen liegenden Löwen darstellt. Auf dessen Rücken ist der etruskische Name „Spurina" eingraviert. Diesen Namen, ein Familienname aus Tarquinia, tragen mehrere berühmte Persönlichkeiten der etruskischen und der römischen Geschichte, unter denen auch Caesars *Haruspex* zu finden ist.

Dank der Hinweise von Kaiser Claudius wissen wir aber, daß Servius Tullius ein Etrusker aus Vulci war, der tatsächlich den Namen „Maxtarna" trug. Er sei wie ein Heerführer nach Rom gekommen, umgeben von seinen Truppen und von zwei Leutnants, den Brüdern Aulus und Caelius Vibenna. Die Fresken im „François-Grab" in Vulci vom Ende des 4. Jahrhunderts scheinen nun eine außergewöhnliche Darstellung dieser Ereignisse zu bieten. Tatsächlich sind darauf die drei Helden aus Vulci, Maxtarna und die Brüder Vibenna, zu sehen, die gegen Krieger aus verschiedenen etruskischen, faliskischen und latinischen Städten kämpfen, wobei unter den Kriegern auch ein Tarquinius aus Rom ist!

Servius Tullius zeigt in der Art seiner Machtübernahme und seiner darauffolgenden Politik sowie in den Institutionen, die er geschaffen haben soll, verschiedene Aspekte eines Tyrannen griechischen Zuschnitts. Seine Regierungszeit steht nicht ohne Bezug zu jener von Thefarie Velianas, dem Oberhaupt von Caere, die sich ein halbes Jahrhundert später abzeichnet. Die Goldbleche von Pyrgi dienen uns als Quelle. Hier wird der Empfänger einer Widmung auf einem Heiligtum für die Göttin Astarte im phönizischen Text als „König über Caere" bezeichnet, während er im etruskischen Text „zilath", das heißt Magistrat, genannt wird. Bedeutet dies, daß ein „zilath" nicht nur republikanischer Beamter war, sondern auch königliche oder diktatorische Macht besitzen konnte?

Der in Caere entstandene Typus des monumentalen Tumulus ist am selben Ort, in der Banditaccia-Nekropole, zum letzten Mal vertreten. Gegen Ende des 6. Jahrhunderts erscheint ein neuer Grabtypus, der es ermöglicht, Platz zu sparen und geradlinige Wege anzulegen (Via dei Monti della Tolfa, dei Monti Ceriti, delle Serpi). Die Übergangszeit ist durch einige würfelförmige Gräber charakterisiert, die bisweilen kreisförmig angeordnet sind.

Die Nekropolen lassen das Auftreten einer Mittelschicht erkennen.

Es ist jedenfalls offenkundig, daß die etruskische Gesellschaft der zweiten Hälfte des 6. Jahrhunderts zumindest in Süd- und Mitteletrurien ganz und gar nicht mehr jene ist, die oben beschrieben wurde: Auch hier ist wieder die Archäologie der Gräber, besonders jener in Caere, aufschlußreich. Wir sehen eine systematische Planung der Nekropole, die mit ihren Straßen und manchmal sogar Plätzen zu einer richtigen Totenstadt wird. Die Gräber sind in zunehmender Zahl quaderförmig und gleichmäßig entlang der sich rechtwinklig schneidenden Straßen aneinandergereiht.

Eine derartige Raumplanung entspricht dem, was wir im übrigen beim Städtebau beobachten können, bei dem das griechische rechtwinklige, als hippodamisch bezeichnete System zu dominieren beginnt.

Religiöse Gründe können eine Rolle gespielt haben, stellt doch das Sich-Überschneiden von neuen und

Von nun an erhält die Fassade des Grabes mit dem Einsatz farbiger Elemente den wesentlichen Teil der Dekoration: Reihen von weißen Steinen stehen in auffälligem Kontrast zu dem Rot des Tuffsteins. Der obere Teil erhält oft ein profiliertes Gesims, und vor allem die Tür, die nach dorischem Vorbild konstruiert ist, zeigt plastisch ausgearbeitete Konturen. Ihr Muster ist schon aus den Grabgewölben bekannt.

Die Grabpaläste der Adeligen von Etrurien

Das Regolini-Galassi-Grab (Seite 76), das mit dem Namen der zwei Entdecker bezeichnet wird, die es in der Sorbo-Nekropole in Cerveteri freigelegt haben, ist eines der berühmtesten in Etrurien. Zum Teil in den Tuff gehauen, zum Teil freistehend errichtet, ist es eine Art sehr langer Grabhalle mit zwei kleinen seitlichen Kammern, die eine Vielzahl außergewöhnlicher Ausstattungsstücke enthalten. Das Montagnola-Grab (links oben) und das La Mula-Grab (links unten), die am anderen Ende Etruriens liegen, in Quinto Fiorentino im Nordwesten von Fiesole, beeindrucken durch ihre Innenarchitektur mit den Zugängen (Dromos) zur beachtlich ausgestatteten Grabkammer und den vorkragenden falschen Gewölben oder Kuppeln, die an die mykenischen Tholoi erinnern. Das Alkoven-Grab (Seite 78/79) in der Banditaccia-Nekropole ist mit seinen mächtigen kannelierten Pfeilern, seiner Decke mit doppelter Abdachung im „Mittelschiff" und seiner Alkoven-Kammer, die das Bett des bestatteten Paares birgt, für die Grabarchitektur von Caere im 4. Jahrhundert v. Chr. typisch.

Die Klagenden des Schattens

Das Augurengrab in Tarquinia trägt einen Namen, der auf einem Irrtum beruht: Eine Figur (oben), die einen „lituus" hält, der das Zeichen der römischen Auguren sein wird, wurde für einen Auguren gehalten, während es sich in Wirklichkeit um einen Organisator der Spiele handelt, die auf den anderen Grabwänden dargestellt sind. Die Präsenz von Vögeln als einfache Füllmotive haben diese falsche Interpretation bekräftigt, zumal die römischen Auguren den Flug von Vögeln beobachtet haben sollen. Die Rückwand ist in der Mitte mit einer falschen Tür versehen, die gemeinhin als die Tür, die zur Hölle führt, betrachtet wird. Auf beiden Seiten berühren zwei Figuren die Stirn als Zeichen der Wehklage: Es handelt sich wahrscheinlich um berufsmäßig Klagende.

früheren Gräbern bei der radikalen Neuordnung der Nekropolen ein Sakrileg dar; doch diese Neugliederung vermittelt vor allem das Auftreten einer homogenen Mittelklasse, deren Vermögen aus dem Handel und dem Handwerk stammt. Die nördliche Nekropole von Orvieto mit dem Ortsnamen Crocifisso del Tufo zeigt diesen Stand der Dinge in eindrucksvoller Weise: Dort liegt eine regelrechte städtebauliche Logik vor, mit streng geordneten Gruppen von Gräbern und sich rechtwinklig kreuzenden Straßen. Die Gräber mit einer einzigen Kammer sind alle auf ähnliche Weise gebaut und verziert.

Quer durch die Spuren der Totenwelt hindurch zeichnet sich eine Gesellschaft ab, die auf einer beinahe egalitären Mittelklasse beruht. Die Nekropole von Tarquinia bestätigt mit ihren Hunderten kleiner Grabhügel die neue Architektur.

Bemalte Gräber, welche die touristische Hauptattraktion an diesem Ort sind, stellen hingegen nur zwei Prozent aller Grabanlagen dar.

Seit der Villanova-Zeit sind Darstellungen von Schiffen in der etruskischen Kunst häufig – unabhängig davon, ob es sich um mythologische Szenen handelt oder nicht. Unten abgebildet sind rekonstruierte antike Schiffsdarstellungen aus dem 19. Jahrhundert.

Als großer Bund erlebt das etruskische Reich sein goldenes Zeitalter.

Das Auftreten einer Mittelklasse ist an die Steigerung der Produktion gebunden, welche die Bereicherung von neuen sozialen Gruppen begünstigt, und an die Intensivierung der Handelsbeziehungen mit dem gesamten Mittelmeerraum. Zu diesem Zeitpunkt ist die etruskische Kultur bemerkenswert weit verbreitet, wie alle Quellen bestätigen. Nach Aussage der historiographischen Überlieferung regieren die Etrusker über Rom von 616 bis 509 v. Chr. also praktisch während des gesamten 6. Jahrhunderts.

Herodot berichtet übrigens von einem bezeichnenden Ereignis, das die Kämpfe um die Herrschaft über die Tyrrhenische See betrifft: In den Jahren 540 – 535 findet die Seeschlacht von Alalia auf der Höhe von Korsika statt. Gegenüber stehen sich Phokäer – die durch die persische Eroberung aus ihrer Heimat in Kleinasien vertrieben wurden und sich im westlichen Becken des Mittelmeeres niederlassen möchten – und die Etrusker von Caere, die in diesem Falle mit den Karthagern verbündet sind.

Den Etruskern wird Seeräuberei nachgesagt, doch wird dieses Gerücht bezeichnenderweise von den Griechen verbreitet, die auf die Handelserfolge der Etrusker neidisch sind. Die attische Schale (links) verweist auf die etruskische Präsenz im Ägäischen Meer: Dionysos, der von tyrrhenischen Piraten entführt wurde, die ihn als Sklaven verkaufen wollen, verwandelt diese in Delphine.

Obwohl die Worte, die der Historiker aus Halikarnassos verwendet, nicht eindeutig sind, lassen sie doch erkennen, daß letztere den Sieg davontragen und sich die etruskische Herrschaft in dieser Region wieder durchsetzt. Die Einwohner von Caere bewerfen die phokäischen Gefangenen, die ihnen beim Teilen der Beute zugewiesen wurden, mit Steinen. Als sich bald darauf eine schlimme Epidemie über die Stadt ausbreitet, sind die Einwohner von Caere gezwungen, das Orakel von Delphi zu befragen, um ihr Vergehen zu sühnen und um der Epidemie Einhalt zu gebieten.

Die südetruskische Stadt Caere unterhielt wie Spina an der Adria ausgezeichnete Beziehungen zu dem Apollo-Heiligtum und konnte dort ein Schatzhaus errichten.

Etrusker und Karthager: Ein vorteilhaftes Bündnis

Tatsächlich besuchen zahlreiche Etrusker – Tyrrhenier, wie sie in griechischen Quellen bezeichnet werden – die großen panhellenischen Heiligtümer Delphi oder Olympia. Sie tragen keine Bedenken, Apollo oder Zeus Votivgaben zu weihen, um ihre militärischen Siege oder verschiedenen Erfolge zu feiern. So erinnert Pausanias daran, daß das älteste Weihegeschenk, das dem olympischen Zeus von einem Barbaren dargebracht wurde, von einem etruskischen König stammt. Es war Arimnestos, der der Gottheit einen Thron gespendet hatte.

Das Bündnis zwischen Karthagern und den Einwohnern von Caere sichert den Etruskern die Kontrolle über das sardische Meer. Außerdem ermöglicht es ihnen, ihre Kolonie Aleria an der Ostküste Korsikas bis zur römischen Eroberung weiter auszudehnen, da die Phokäer aus diesem Gebiet vertrieben worden sind. Dieses etruskisch-karthagische Bündnis wird von der Archäologie für

Die Namen der etruskischen Gottheiten geben Aufschluß über das Phänomen der Hellenisierung, welche die etruskische Religion geprägt hat. Bestimmte Götter oder Göttinnen mit einheimischen (etruskisch-italischen) Namen werden den entsprechenden griechischen Göttern „gleichgestellt“: Tinia (die Bronze links) dem Zeus, Turan der Aphrodite, Turms dem Hermes, Fufluns dem Dionysos, Sethlans dem Hephaistos. Doch andere Götternamen sind eindeutig vom Griechischen entlehnt: Apulu (Apollo), oben abgebildet, Artume (Artemis) und Hercle (Herakles).

einen etwas späteren Zeitraum ausgezeichnet dokumentiert. In Pyrgi, einem der Häfen von Caere, sind drei Goldbleche mit Inschriften gefunden worden, zwei in Etruskisch, eine in Phönizisch. Sie weisen auf die Einweihung eines Heiligtums für Astarte hin, die der etruskischen Göttin Uni – anders gesagt, der römischen Juno – gleichgestellt ist. Die Religion festigte noch den Bund zwischen den beiden Völkern, und es läßt sich kaum bezweifeln, daß sich punische Kaufleute im Hafen von Caere niedergelassen haben. Selbst auf dem Boden von Karthago sind viele etruskische Keramiken gefunden worden, die bis in die Zeit um 650 zurückreichen und das neue Bündnis bestätigen. So ist z. B. auch wohl einem Kaufmann aus Karthago erlaubt worden, sich frei in Etrurien zu bewegen, was als Beweis großzügiger Gastfreundschaft verstanden werden kann.

Auch wenn die Statue des Apollo seine berühmteste Dachbekrönung ist, war der Tempel von Portonaccio in Veji der etruskischen Göttin Menerva (Minerva) geweiht.

Die Häfen: Knotenpunkte für Handel und Kultur

Im 6. Jahrhundert erlebt Etrurien folglich eine Zeit, in der die Beziehungen zwischen Etruskern und Fremden zahlreich und offensichtlich problemlos sind. Das beste Beispiel dafür ist vielleicht das „emporion“, der Freihafen von Gravisca, der mit Tarquinia verbunden ist. Kaufleute, die zunächst aus Ostgriechenland, dann aus Ägina kamen, legen häufig in diesem Hafen von Tarquinia an. Tatsächlich gestehen die Etrusker den Fremden sogar zu, sich im Hafen ein eigenes griechisches Heiligtum zu errichten, das der Aphrodite, der Hera, der Demeter und dann nach 550 dem Apollo geweiht ist. Nach 500 nehmen die Etrusker immer mehr Einfluß auf die Verwaltung des Heiligtums, das von nun an einheimischen Gottheiten geweiht ist. Die römische Eroberung zu Beginn des 3. Jahrhunderts setzt diesem „Mischpantheon“ dann ein Ende.

Unter den Funden der Ausgrabungen von Gravisca ist übrigens einer besonders

erwähnenswert, der von großer Bedeutung für die Geschichte der etruskischen Kunst ist: Unter den griechischen Keramiken und Weihegaben werden in diesen hellenischen Heiligtümern Fragmente von Farbstoffen, ockerfarbene und blaue Pigmente, entdeckt. Es ist bekannt, daß solche Farben von den Künstlern verwendet wurden, die die Fresken von Tarquinia gestaltet haben. Dieser Fund ist also der konkrete Anhaltspunkt dafür, daß eingewanderte Maler, die zunächst aus Ostgriechenland kamen, in der Nekropole der Monterozzi gearbeitet haben. Der griechisch-orientalische Stil einiger dieser Malereien hatte dies bereits vermuten lassen.

In den Wandmalereien Tarquiniens gibt es eine Reihe von Alltagsdarstellungen, die Motive der Jagd und des Fischfangs aufgreifen. Hier ist beispielsweise ein Ausschnitt aus dem „Grab der Jagd und des Fischfangs" abgebildet. Der unbekleidete Fischer wirft gerade sein Netz aus. Geschmückt ist die Barke vorn mit einem „apotropäischen" Auge, einem Glücksbringer. Ein anderes bemaltes Grab von Tarquinia trägt den Namen „Grab der Schwarzen Bache", ein weiteres „Grab der Hirschjagd".

Grabfresken voller Lebenslust

Über einige besonders schöne Gräber Tarquiniens wurde tatsächlich behauptet, daß diese griechische Arbeit seien. Inzwischen ist bewiesen, daß hellenische Ateliers eine führende Rolle bei der Ausführung dieser Werke gespielt haben. Die bemalten Gräber sind das Privileg der reichsten Gesellschaftskreise: Das „Grab der Stiere" aus der Zeit um 540–530, das den Besuchern durch seine erotischen

Motive und mythologischen Szenen bestens bekannt ist, gehörte den Spurinna, wie eine auf die Wand gemalte Inschrift bezeugt, also einer der bedeutendsten Familien in der Geschichte von Tarquinia. Die am häufigsten auf den Fresken dargestellten Motive – Bankette, Tänze, Spiele, Jagd- und Angelszenen – vermitteln die Lebensweise und die Mentalität der herrschenden Klasse. Diese tarquinischen Malereien sind ein einzigartiges Zeugnis der antiken Kunst. Denn außer figürlich verzierten Vasen ist in Griechenland selbst keine Malerei erhalten.

Dank der Etrusker entdecken die Gallier den Wein.

Zu den Produkten des etruskischen Handels gehören vor allem Wein und Öl. Jüngste Zuordnungen etruskischer *Amphoren*, die besonders in Vulci hergestellt wurden, wie auch die Bucchero-Vasen zeigen, daß die Etrusker ihre Produkte nach Korsika, nach Sardinien, nach Karthago – und in großem Maße – an die Küsten des Languedoc und der Provence exportiert haben. Die ersten Weinamphoren, die in Gallien gefunden wurden, sind offensichtlich etruskische Amphoren: Also haben die Etrusker den Galliern den Geschmack am Wein vermittelt!

Umgekehrt erreicht im 6. Jahrhundert eine Fülle korinthischer und attischer Keramik aus Griechenland Etrurien.

Einige Ateliers arbeiten ausschließlich für den etruskischen Markt und verbreiten so die Darstellungen der griechischen Mythologie und des griechischen Alltagslebens.

Territoriale Ausdehnung, Warenhandel, soziale Mobilität, von all dem zeugen eine Reihe von Dokumenten, die seit

Bestimmte Jagden (nach Wildschweinen oder Hirschen) werden mit Musikbegleitung durchgeführt (wie auch der Faustkampf, das Kneten von Brotteig oder ganz andere Tätigkeiten). Dieser Musiker heißt in Etruskisch „suplu“ (lat. „subulo“); zu Unrecht wird heute von einem „Flötenspieler“ gesprochen: Das Instrument mit einem Mundstück war in Wirklichkeit einer Oboe oder Klarinette ähnlich.

langem bekannt sind oder erst vor kurzem entdeckt wurden. So haben die Nekropolen von Orvieto mehrere Namen nicht etruskischer, sondern griechischer, italischer oder sogar keltischer Herkunft an den Tag gebracht: Es gab beispielsweise einen Katacina, der seinen ersten gallischen Namen Catacus mit dem Suffix -na etruskisiert hatte. Im Gegenzug belegen Inschriften die etruskische Präsenz sowohl in Lattes, in der Nähe von Montpellier, als auch in Pompeji in Kampanien und in Rom selbst.

Die Etrusker auf dem römischen Thron: Eine Familienangelegenheit?

Die antiken Geschichtsschreiber haben uns lediglich drei Namen der etruskischen Dynastie überliefert, die von

616 bis 509 auf dem römischen Thron saß. Claudius bemerkt in seiner Rede, die auf der claudischen Tafel von Lyon niedergeschrieben ist, daß Servius Tullius zwischen den zwei Tarquiniern eingesetzt worden war. Die Geschichte von Tarquinius dem Älteren ist für diese Zeit sehr aufschlußreich: Er ist der Sohn eines Korinthers namens Demaratos, der wohl um 650 in Tarquinia eintraf, nachdem er wegen politischer Unruhen aus seiner Stadt verjagt worden war. Wenn er jedoch diese etruskische Stadt als neue Heimat gewählt hat, so liegt der Grund darin, daß er mit ihr immer schon Handel getrieben hatte. Es läßt sich nun feststellen, daß die korinthische Keramik genau zu jener Zeit nach Etrurien exportiert wurde, wo sie zu einer lokalen Produktion von Nachahmungen führt – zur etrusko-korinthischen Keramik, die von 630 bis 540 hergestellt wurde. Angeblich hat Demaratos die Etrusker auch mit der Schrift vertraut gemacht, doch ist diese Behauptung wenig akzeptabel, weil die ersten Inschriften bis beinahe zum Jahre 700 zurückreichen.

Ist Demaratos schon die soziale Integration in Tarquinia geglückt, so ist seinem Sohn Lucumo eine noch glänzendere Laufbahn beschieden: Er besteigt den Thron von Rom. Es ist schwer, die Tragweite dieses Ereignisses exakt zu beurteilen, da die Tradition der römischen Geschichtsschreibung aus Rücksicht auf die Größe und Unabhängigkeit Roms aus dieser Thronbesteigung eine reine Familienangelegenheit zu machen sucht.

Dagegen denken moderne Historiker an eine ununterbrochene politische Herrschaft verschiedener etruskischer Städte über Rom, an deren Spitze Tarquinia und Chiusi mit Porsenna stehen. Es gilt als sicher, daß Gruppen etruskischer Aristokraten, wie die Spurinna, zum Aufbau der Stadt wesentlich beigetragen und die römische Kultur tiefgreifend verändert haben.

**Ist der im „Grab der Stiere“ (oben) Bestattete derselbe wie jener Spurinna, dessen Name auf dem Rücken eines kleinen Elfenbeinlöwen erscheint, der im römischen Sant' Omobono entdeckt wurde? Auf jeden Fall läßt sich das Schicksal dieser großen Familie aus Tarquinia durch mehrere Jahrhunderte verfolgen.
Auf der abgebildeten Grabmalerei greift einer der zwei Stiere, die dem Grab ihren Namen gegeben haben, ein homosexuelles Paar an. Erotische Szenen wie diese sind ihrer magischen Funktion wegen über den Türen angebracht, die zu zwei kleinen Grabkammern führen. In der etruskischen Kunst und Religion sind Tod und Erotik eng miteinander verbunden. Links oben ist eine Boxszene auf einer Amphore aus Vulci zu sehen.**

Die führende Rolle der etruskischen Frauen

Die Kenntnisse, die wir heute von der Regierungszeit Lucomons besitzen, ermöglichen uns auch eine nähere Rekonstruktion der Stellung der Frau in der etruskischen Gesellschaft. So wird Tanaquil in der Überlieferung häufig die Königsmacherin genannt. Tatsächlich verhilft sie ihrem Mann durch ihre prophetische Gabe zu gesellschaftlichem Aufstieg, und 37 Jahre später ist sie es auch wieder, die Servius Tullius auf den Thron zu heben weiß. Tanaquil – ein in den etruskischen Inschriften sehr häufiger weiblicher Vorname – wird so zum Symbol für die Freiheit und

Eine Anekdote von Livius gibt Aufschluß über das, was die Römer von den etruskischen Frauen hielten: Die jungen etruskischen Prinzen zur Zeit von Tarquinius Superbus langweilen sich während der Belagerung der Stadt Gabii und vergleichen die Tugend ihrer Frauen. Über dieses Thema erhitzen sich die Gemüter dermaßen, daß sie einen sofortigen Kontrollgang beschließen, um ihre Frauen zu Hause zu überraschen. „Lucrezia (die einzige Römerin unter den Frauen) schien ihnen anders zu sein als die Schwiegertöchter des Königs. Denn während diese bei einem prächtigen Festmahl vorgefunden werden, bearbeitet Lucrezia gerade fleißig Wolle und wacht mit ihren Dienerinnen bis spät in die Nacht inmitten ihres Hauses.“ Der Ausgang dieser Geschichte, die Vergewaltigung Lucrezias durch Sextus Tarquinius, den soviel Reinheit aufreizte, ist bekannt. Nebenstehend abgebildet ist der Sarkophag der Larthia Scianti aus Chiusi.

Macht der etruskischen Frau. Ihr gesellschaftlicher Status ist weit höher als der ihrer griechischen Geschlechtsgenossinnen, die oftmals in das Frauengemach verbannt sind. Die etruskische Frau geht häufig aus und ist auch bei sportlichen Ereignissen, bei Wagenrennen und athletischen Wettkämpfen, zugegen. All dies erweckt den Unmut der Griechen, und einige klatschsüchtige Autoren zögern nicht, vom ausschweifenden Leben der etruskischen Frauen zu sprechen. Man(n) munkelt über ihren exzessiven Hang zum Tafeln und unterstellt ihr eine ausschweifende Sexualität ohne jedes Schamgefühl. Wenn diese Äußerungen auch mehr über die griechischen Männer als über die etruskischen Frauen verraten, so läßt sich – nüchtern betrachtet – zumindest belegen, daß Etrurien, besonders das Heiligtum von Pyrgi, bestimmte Formen der geheiligten Prostitution kannte.

Gegen Ende des 6. Jahrhunderts erlebt Etrurien seine letzten unbeschwerten Jahre. Das Ende dieser Kultur, die Plinius der Jüngere als das „Paradies auf Erden“ bezeichnete, ist nahe.

Neben den Skulpturen lehren uns vor allem Inschriften viele Dinge über die gesellschaftliche Stellung der etruskischen Frau. Sie hat zunächst das Recht auf einen Vornamen (wie Tanaquil). Und die Männer ihrerseits erhalten in jüngerer Zeit auch manchmal den Namen ihrer Mutter. Einige Historiker haben deshalb sogar – aber wohl zu Unrecht – vom etruskischen Matriarchat gesprochen. Links ein weiblicher Terrakotta-Kopf von einer Dachverkleidung, unten eine bronzene Votivstatuette.

VIERTES KAPITEL

GRÖSSE UND NIEDERGANG

Für den römischen Dichter Catull ist der Etrusker „obesus“, feist, für Vergil ist er „pinguis“, fett. Nicht nur auf den Sarkophagdekkeln von Tarquinia stellen verstorbene Magistrate ihren dicken Bauch zur Schau: ein aufschlußreiches Zeichen für den moralischen Verfall und die Verweichlichung dieses Volkes, das sich allen Vergnügungen hingibt? Doch viele andere gravierende Gründe erklären den Niedergang Etruriens.

Der etruskische Adelige verschmähte sicherlich nicht die Bankette und den Wein, doch bringt seine Wohlbeleibtheit vor allem Macht und Reichtum zum Ausdruck.

Die Schlacht von Alalia in den 30er Jahren des 5. Jahrhunderts hat gezeigt, daß die Etrusker von Caere und ihre Verbündeten aus Karthago zu jener Zeit das Tyrrhenische Meer kontrollierten. Einige Jahrzehnte später bahnt sich das Ende der etruskischen Seeherrschaft an. Die zwei Verbündeten von gestern erleiden im Abstand von einigen Jahren unter den Schlägen derselben griechischen Seemacht, die jetzt nicht mehr Phokäa, sondern Syrakus ist, zwei verhängnisvolle Niederlagen.

Die zwei Lagunen von Salammbo, in der Nähe von Tunis, entsprechen dem Handels- und dem (kreisförmigen) Kriegshafen des punischen Karthago, dessen Symbole auf dieser Geldmünze erscheinen: das Pferd und die Palme.

Die Niederlage von Cumae im Jahre 474 läßt die Totenglocke für die etruskische Seeherrschaft erklingen.

In der zweiten Hälfte des 6. Jahrhunderts beherrschen die Karthager nicht nur die Küsten Nordafrikas, sondern auch einen Teil von Sardinien und Sizilien. Im Jahre 480 werden sie auf Sizilien von Gelon, dem Tyrannen von Syrakus,

Griechische Dichter wie Pindar haben die Schlacht von Cumae gepriesen. Die auf diesen erbeuteten etruskischen Helm gravierte Inschrift besagt: „Hieron, Sohn des Deinomenes, und die Syrakuser (haben ihn) Zeus (dargebracht), (aus der) tyrrhenischen (Beute) von Cumae."

bei Himera besiegt. Zum selben Zeitpunkt haben die Athener die Schlacht von Salamis gegen die Perser gewonnen. Auf diese Weise vertreibt das Griechentum die „Barbarei" aus dem gesamten Mittelmeerbecken. Sechs Jahre später, im Jahre 474, werden die Etrusker – ebenfalls „Barbaren" in den Augen der Griechen – von der neuen Armada des Tyrannen Hieron von Syrakus, dem Bruder des Gelus, besiegt. Das Geschehen spielt vor der Küste von Cumae: Die Anwohner sind über die Einfälle der Etrusker erzürnt und rufen die Syrakuser zu Hilfe. Zwei Zeugnisse von diesem Ereignis sind in Olympia und im Britischen Museum aufbewahrt: Helme, die eine Inschrift tragen und die Hieron dem Heiligtum von Olympia geweiht hat, um seinen Sieg über die „Tyrrhenier" zu feiern.

Der Verlust von Rom unterbindet die direkte Verbindung mit Kampanien.

Von nun an können die Etrusker die Seewege zu ihren Besitzungen in Kampanien nicht mehr halten, und diese Niederlassungen, die im 6. Jahrhundert eine große Blüte erlebten, werden ihnen bald gänzlich verlorengehen. Hieron von Syrakus errichtet auf Ischia – in der Antike Pithekusai – eine Garnison, die ihm erlaubt, den Verkehr zwischen Etrurien und Kampanien zu überwachen. Nach anderen Zeugnissen römischer Geschichtsschreiber sind die Etrusker im Jahre 509 vom römischen Thron vertrieben worden. Doch sicherlich sind weitere Etrusker auf Tarquinius Superbus gefolgt. So hat wahrscheinlich Porsenna, der König von Chiusi und anderen Städten am Tiber, Rom erobert. Zu Beginn des 5. Jahrhunderts werden die Landwege nach Capua nicht mehr so uneingeschränkt allein von den Etruskern kontrolliert. Diese ununterbrochene Schwächung führt im Jahre 423 zum Fall von Capua: Einheimische Völker, die rauhen Samniten, die sich nahe der Stadt niedergelassen haben, kommen von den

Bergen herab ins Tal, um die Stadt, welche die Hauptstadt des südetruskischen Zwölf-Städte-Bundes ist, zu besetzen. Darauf werden in Capua keine etruskischen Inschriften mehr gefunden. Die Sprache ist nun das Oskische, und bald wird sich das Lateinische durchsetzen.

Die Syrakuser wollen die etruskischen Bodenschätze in ihren Besitz bringen.

Die Rivalität zwischen Etruskern und Syrakusern beschränkt sich nicht allein auf die Schlacht von Cumae. Zwei Überfälle auf Korsika und Elba, also auf die wichtigsten Bergbaugebiete Etruriens, gehen ebenfalls von den Syrakusern aus. Darüber hinaus sind die Beschlagnahme der Minen und die Suche nach Metallen Zeichen eines zunehmenden Interesses an den Bodenschätzen des Mittelmeerraums.

Samnitische Krieger, die man hier auf einer Grabmalerei aus Paestum vom 4. Jahrhundert v. Chr. sieht, sind für ihre Tapferkeit bekannt. Die Römer, die die Niederlage von Caudium erleiden, wissen dies wohl und können sie erst nach drei Samnitischen Kriegen, ähnlich den drei Punischen Kriegen, unterwerfen.

Schon die Phönizier und die ersten griechischen Siedler wurden hauptsächlich von den vielversprechenden Rohstoffquellen angelockt. Im Jahre 384 unternehmen die Syrakuser unter der Herrschaft des Tyrannen Dionysios dem Älteren Expeditionen in dieselben Gebiete und plündern bei dieser Gelegenheit das überaus reiche Heiligtum von Pyrgi. Die Feindseligkeiten gehen übrigens nicht nur von einer Seite aus. Am Ende des 5. Jahrhunderts, während des Krieges, der Syrakus und Athen zu Gegnern macht, stellen die Etrusker letzteren eine wenn auch bescheidene Flotte von drei Schiffen mit 50 Ruderern zur Verfügung: Die etruskisch-athenische Koalition erringt dann darauf einen Erfolg, der allerdings nicht von Dauer ist und die endgültige Niederlage Athens nicht verhindern kann.

Dem Verfall der Küstenstädte steht die Blüte der nördlichen Gebiete gegenüber.

Für die mächtigen Städte an der Küste und im Süden ist die Niederlage von Cumae ein schwerer Schock. Als Konsequenz dieses Einbruchs werden die Grabmalereien in Tarquinia 450 zunehmend spärlicher. Zudem fehlen aufwendige Skulpturen, und der Bau von religiösen Gebäuden, ein ausschlaggebendes Kriterium für ein gesundes wirtschaftliches Klima in der Antike, wird immer seltener. Das auffälligste Phänomen ist jedoch der rasche Rückgang der Einfuhr attischer Vasen, nachdem sie in den Jahrzehnten zuvor in Städten wie Vulci und Caere in großen Mengen eingetroffen waren.

Dagegen gedeihen die etruskischen Städte der Poebene, Bologna und Spina, auch weiterhin. Es genügt, im Museum von

Wenn auch die Berichte über die Schlachten der Etrusker zahlreich sind, so erlauben sie doch nicht immer, sich ein genaues Bild von der etruskischen Armee zu machen. Denn die griechischen und römischen Quellen neigen dazu, die Wirklichkeit verzerrt wiederzugeben. Archäologische Befunde sind hier zuverlässiger: Die Etrusker, die seit der Villanova-Zeit (aus welcher der Gürtel rechts unten stammt) solide bewaffnet sind, haben später viel von den Griechen (beispielsweise den oben abgebildeten Helm, der in Todi gefunden wurde und auf 450 v. Chr. datiert wird), aber auch von ihren italischen Nachbarn übernommen. Die Taktik der Hopliten, der schwerbewaffneten griechischen Infanteristen, dürfte für sie ein Vorbild gewesen sein.

Ferrara die prächtigen rotfigurigen *Kratere* zu sehen, um gewahr zu werden, daß der athenische Handel seine Wege und möglicherweise seine Ziele geändert, aber nicht auf die Käuferschicht Etruriens verzichtet hat. Diese außergewöhnlichen attischen Töpfereien, die über die Adria kamen, wurden in den Nekropolen von Bologna und Spina entdeckt – übrigens zusammen mit anderen importierten Gegenständen, wie den herrlichen Bronzen aus Vulci.

Der Reichtum von Spina offenbart sich insbesondere in der Errichtung eines Schatzhauses in Delphi: Spina ist neben Caere die einzige etruskische Stadt, der diese Ehre zuteil wurde. Wenngleich viele Griechen dort ihren Wohnsitz haben, ist Spina doch eine etruskische Stadt, durch die die Meisterwerke der attischen Produktion passieren, bevor sie in Bologna und Marzabotto eintreffen.

Die Votivstatuette aus Bronze (links unten) wurde in Populonia gefunden und stammt aus der ersten Hälfte des 4. Jahrhunderts v. Chr.: Sie stellt einen vollständig mit Helm, Brustpanzer, Beinschienen und Rundschild ausgerüsteten Krieger dar (seine Angriffswaffe ging verloren), vielleicht handelt es sich auch um den Kriegsgott Laran (Mars).

Marzabotto, die namenlose Stadt

Marzabotto, deren antiker Name unbekannt ist, liegt am Fluß Reno, dem sie ihren Wohlstand verdankt. Hier ist eine der wichtigsten Furten, die das tyrrhenische Etrurien mit Bologna verbinden. Marzabotto ist das einzig wirkliche Beispiel für rechtwinkligen Städtebau, das aus Etrurien bekannt ist. Zwar hat man bis heute keinen zentralen Platz („forum") gefunden, doch sind Tempel und Altäre auf eine Akropolis gebaut, die deutlich vom Wohngebiet getrennt ist. Der Einfluß griechischer Städtebaumodelle, die besonders in den Kolonialstädten auf Sizilien verwirklicht wurden, ist hier offensichtlich. Allerdings verweist die strenge Nord-Süd-Orientierung der Hauptstraße auch auf römische Prinzipien des Straßenbaus. Die Stadt, die zu Beginn des 5. Jahrhunderts gegründet oder vielmehr nach einem ersten vorstädtischen Stadium wohl von Siedlern aus Nordetrurien erneut gegründet wurde, wird zur Zeit der gallischen Einfälle (um 350 v. Chr.) aufgegeben. Für Etrurien kommt die Bedrohung tatsächlich nicht

nur aus dem Süden – zunächst von Sizilien, dann von Rom –, sondern ebenfalls aus dem Norden: Die Gallier, die ständig auf der Suche nach Siedlungsland sind und für einige Jahrhunderte aus Norditalien das „Gallien jenseits der Alpen" machen, setzen ihre Einfälle bis nach Rom fort und nehmen im Jahre 390 die Stadt ein. Im Vorbeiziehen nehmen sie, zumindest in einigen Städten, den Kampf mit den Etruskern auf und ruinieren deren Macht und Wirtschaft beträchtlich.

Der unaufhaltsame Aufstieg Roms

Von zwei Seiten droht den Etruskern nun Gefahr: Einigen Quellen zufolge hat der gallische Volksstamm der Senonen, die das Picenum und die adriatische Küste erreicht hatten, einen Vertrag mit Dionysios dem Älteren von Syrakus geschlossen. Dieser nimmt in denselben Jahren, in denen er in Ancona und Adria Kolonien gründen wird, den Kampf mit den Etruskern der tyrrhenischen Küste auf. Bald sollte es auch mit dem Etrurien der Poebene, wie schon mit Kampanien, ein Ende haben.

Die etruskische Stadt Melpum, nahe dem heutigen Mailand, wird 396 von den Galliern eingenommen, ausgerechnet an dem Tag, an dem sich die Römer ihrerseits Vejis bemächtigen.

Diesmal wird Etrurien ausgelöscht werden: Der römische Moloch hat sich in Bewegung gesetzt und kann durch nichts aufgehalten werden. Die erste Hochkultur, die Italien erlebt hat, wird von der kleinen Stadt mit den sieben Hügeln, die bald Herrscherin eines Mittelmeerreiches sein wird, absorbiert werden. In der Zwischenzeit können die Römer gemächlich ihre Nachbarn ausschalten, im Süden die anderen latinischen Völker und die Samniten, im Norden die Etrusker.

Dieser verzierte Ziegel (Antefix) mit dem Kopf einer Mänade (links) stammt aus dem Gebiet von Veji. Die Werke von Vergil (rechts) enthalten eine Vielzahl von Anspielungen auf die Geschichte und die Kultur Etruriens, zumal der Dichter aus Mantua toskanische Quellen direkt nutzen konnte. Tatsächlich existiert neben religiösen Büchern (z. B. die berühmte „disciplina etrusca") eine weltliche Literatur, die zwar vollständig verloren ist, von der wir aber doch ein Echo haben. So gibt es eine historische Literatur der „Tuscae historiae", von der sich schon Claudius hat inspirieren lassen, und eine dramatische Literatur. Wenn der Tragödiendichter Volnius, den der lateinische Schriftsteller Varro erwähnt, auch sicherlich zu einer späteren Zeit gelebt hat, so weiß man doch, daß die Anfänge des römischen Theaters wie die der Zirkusspiele bei den Etruskern liegen. Auch die Tatsache, daß die römischen Berufsschauspieler Histriones heißen liegt nach Aussage von Livius daran, daß „ister" das entsprechende Wort in etruskisch ist. In der Geschichte der römischen Spiele war der etruskische Einfluß von entscheidender Bedeutung.

Diese Eroberung dauert ungefähr eineinhalb Jahrhunderte und vollzieht sich in drei Etappen, in denen das Schicksal der drei großen etruskischen Städte Veji, Tarquinia und Volsinii besiegelt wird.

Rom und Veji: Das Salz und die Erde

Die Feindseligkeiten mit Veji, der Rom am nächsten gelegenen etruskischen Stadt, haben mit dem Entstehen der römischen Republik begonnen. Ein ökonomischer Faktor dürfte die Hauptrolle gespielt haben: Der Besitz der Salinen, die an der Mündung des Tibers angelegt waren. Man neigt leicht dazu, die Bedeutung des Salzes zu vernachlässigen. Tatsächlich war es für die Menschen der

Der richtige Name von Vergil ist in Lateinisch Publius Virgilius Maro: Dieser Beiname erinnert an die etruskischen Traditionen seiner Geburtsstadt Mantua. Der Name Maro kann mit dem Begriff „*maru*" in Verbindung gebracht werden, der einen etruskischen Magistrat bezeichnet (wahrscheinlich eine Art Quästor).

Antike als Konservierungsmittel außerordentlich wichtig. Auch Gebietsfragen spielten bei den Überlegungen der Römer eine große Rolle. Übrigens beginnen die Feindseligkeiten mit einem Stammeskrieg, durch den die stolze Familie der Fabier, die wahrscheinlich ihre Güter im Norden von Rom erweitern wollte, auf tragische Weise berühmt geworden ist. Am Ufer des Cremera, der durch Veji fließt, ist sie im Jahre 477 mit ihrer ganzen Klientel ausgelöscht worden. Die letzte Belagerung von Veji dauerte zehn Jahre, von 406 bis 396. Römische Geschichtsschreiber schmücken diese Episode mit epischen Farben aus und versäumen nicht, eine Verbindung zu einer anderen berühmten Belagerung, nämlich jener von Troja, herzustellen.

Die Römer beschlagnahmen zugunsten ihrer Plebejer das Gebiet von Veji. Sie zeigen ihre Aufgeschlossenheit in

Am Ende des 4. Jahrhunderts v. Chr. rühmen die Malereien des François-Grabes in Vulci die Heldentaten der Brüder Vibenna und ihres Gefährten Maxtarna (alias Servius Tullius). Zu ihren Gegnern gehörte Cneve Tarchunies Rumach, ein Tarquinier aus Rom.

religiösen Angelegenheiten, indem sie die Hauptgöttin von Veji, Uni in etruskisch, Juno Regina in lateinisch, „anrufen" und ihr Kultbild nach Rom holen. Dieses Vorgehen wiederholt sich mit Voltumna, dem Schutzgott des etruskischen Bundes, der in Rom den Namen Vertumnus bekommt. Die Fähigkeit zur Öffnung und zur Assimilation ist einer der typischen Züge des römischen Genies und einer der Schlüssel zum Erfolg dieses Volkes.

Caere und Tarquinia: Zuversicht und Grausamkeit

Während der gallischen Invasion hält Caere zu seinem Nachbarn Rom. Die Stadt nimmt die Vestalinnen und die heiligen Objekte der Urbs auf und beschützt sie. Junge römische Aristokraten kommen zum Studium dorthin,

Die Gestik der Helden aus Vulci nimmt hier epische Züge an; andere Darstellungen bestätigen diesen Willen zur Mystifizierung der Helden. Doch der historische Nachweis ist zumindest für eine dieser Personen erbracht: Der Name Aulus Vibenna ist tatsächlich auf eine Bucchero-Schale aus dem 6. Jahrhundert v. Chr. graviert, die im „panetruskischen" Heiligtum von Portonaccio in Veji gefunden wurde.

und im Gegenzug verleiht Rom Caere einen privilegierten Rechtsstatus.

In der Mitte des 4. Jahrhunderts führen dagegen feindliche Auseinandersetzungen mit Rom zu grausamen Kämpfen und Massenexekutionen von Gefangenen auf den jeweiligen Foren. Verschiedene Bündnisse werden geschlossen und wieder aufgelöst, bei denen auch Umbrier, Gallier und Samniten beteiligt sind. Zeitweilig befürchtet man einen allgemeinen Aufstand der Etrusker: Die Fresken des François-Grabes in Vulci vom Ende des 4. Jahrhunderts veranschaulichen die Haltung einer bestimmten, den Römern feindlichen Aristokratie. Die Römer werden den trojanischen Gefangenen gleichgesetzt, denen Patroklos die Kehle

Diese Bronzegruppe, die aus zwei Soldaten, die einen toten Kameraden tragen, besteht, stellt den Handgriff des Deckels einer „Ciste" dar, eines Behälters, in den die Frauen ihre Toilettengegenstände (Spiegel etc.) legten.

durchgeschnitten hat, während die Etrusker als die Erben der siegreichen Griechen erscheinen. In Wirklichkeit kommen Rom die Rivalitäten zwischen den Städten und die sozialen Unruhen als Vorwand, sich weiterhin etruskische Gebiete einzuverleiben, gerade gelegen.

Im Jahr 264 gibt es keine unabhängige etruskische Stadt mehr.

Von nun an kämpfen die Römer nicht mehr nur mit den etruskischen Städten im Süden und an der Küste. Am Ende des 4. Jahrhunderts durchqueren römische Truppen den Ciminischen Wald nahe bei Viterbo, der bis dahin als unüberwindliches Hindernis galt, und dringen nach Inneretrurien bis nach Arezzo vor. Nach einer Intervention zur Unterstützung der Gens Cilnii – der Familie Maecans – im Jahre 302 greifen sie schließlich Vulci und Volsinii an. Zur Feier des Sieges über diese beiden Städte veranstaltet Konsul Tiberius Coruncanius 280 einen Triumphzug.

In den Jahren 265 – 264 folgt der Schlußakt auf eine Abfolge sehr schwerer sozialer und politischer Konflikte. Nachdem die Sklaven offenbar im wesentlichen die Macht über Volsinii erlangt haben, bitten die dort ansässigen Adeligen um den Beistand Roms. Die überlebende Bevölkerung wird daraufhin nach Bolsena, an das Seeufer, umgesiedelt, in ein Gebiet, das weit weniger leicht zu verteidigen ist. Das „Fanum Voltumnae“, das Heiligtum des Bundes, wird geplündert: 2 000 Statuen sollen nach Rom gebracht worden sein. „Acta est fabula“, das Spiel ist gespielt: Es bleibt für Rom nichts weiter zu tun, als aus all diesen Etruskern „vortreffliche Römer“ zu machen.

Dieser bemalte Terrakotta-Kopf eines behelmten Hopliten (links) stammt aus dem Tempel der Mater Matuta in Satricum, einer volskischen Stadt, die südlich von Rom gelegen war. Dort werden seit kurzem historisch bedeutsame Entdeckungen gemacht: Eine Inschrift auf einer Statuette verweist auf P. Valerius Publicola, einen der Gründer der römischen Republik. Kriegerstatuette aus Cortona (unten).

Fünftes Kapitel

DIE ETRUSKER IM ALLTAG

Griechische und römische Quellen bieten uns ein tendenziöses Bild von den Etruskern, das viel über die Geschichtsschreiber, aber wenig über die etruskische Kultur verrät: ein Volk von rätselhafter Herkunft mit seltsamen Sitten, ein Volk von Gelegenheitspiraten, das sich allen Vergnügungen hingibt, seinen Frauen einen unerhörten Status zubilligt und dabei noch tief religiös ist. Dagegen steht das Andenken an eine große Kultur, vermittelt durch die steinernen Zeugen der Vergangenheit.

Neben großen Festen lieben die Etrusker auch einfache Freizeitbeschäftigungen, wie das Würfelspiel. Links eine Tänzerin aus dem Grab der Löwinnen.

Die Etrusker arbeiten auf dem Land und in Werkstätten, in Minen und Häfen. Davon sind uns noch heute Spuren erhalten geblieben: Kilometerlange Kanäle, die in den Tuffstein Südetruriens geschlagen wurden, zeigen die Anstrengungen der Ingenieure, landwirtschaftliche Flächen zu schaffen und zu unterhalten. Die Amphoren und verschiedenen Behälter aus Keramik bezeugen, daß es sehr viele Bauern gegeben haben muß, die sich dem Weinanbau und der Ölerzeugung widmeten, sowie Töpfer, die einen beachtlichen Grad an Kunstfertigkeit erreicht hatten. Wurden vormals viele handwerkliche Tätigkeiten von den Frauen zu Hause praktiziert, erscheinen spezialisierte Handwerker gleichzeitig mit der Herausbildung einer

Der Ponte Sodo in Veji: ein Zeugnis etruskischer Hydraulik.

Die Weinamphore (links), die vom Anfang des 6. Jahrhunderts stammt, trägt die gemalte Inschrift „mi larthiale melacinasi mulu", was bedeutet: „Ich bin (dem oder von) Larth Melacina gegeben worden". Aus Arezzo ist die Bronzegruppe „Der Pflüger", die die Arbeiten der etruskischen Bauern bezeugt.

ausgeprägten Stadtkultur. Bestimmte prächtige Bronzen, die u. a. in Vulci hergestellt und bis weit jenseits der Alpen exportiert wurden, zeigen uns, daß diese Handwerker schon den Begriff „Künstler" verdienen.

Ein wenig bekannter Lebensbereich

Sichere Aussagen über den Lebensstil der Etrusker sind kaum möglich. Lange Zeit wußten wir fast nichts über ihr häusliches Leben. Die Gräber, die bestimmte Häuser der Lebenden nachahmen, gaben nicht alle Antworten. Einzige Gewißheit war, daß es sich um fest gemauerte Wohnstätten handelte, mit Fundament und Unterbau aus Steinen oder Flußkieseln, in Schalenbauweise oder aus Lehmziegeln errichtet. Diese Wohnstätten hatten vom 7. Jahrhundert an die Hütten abgelöst, die denen von Romulus auf dem Palatin ähnelten.

Die Stadt Marzabotto bei Bologna hat gezeigt, daß die Etrusker gegen 500 v. Chr. den rechtwinkligen Stadtplan übernommen hatten, der wohl als Nachahmung der griechischen Siedlungen auf Sizilien zu verstehen ist. Im Inneren der Wohnblöcke sind Wohneinheiten mit „Atrium" und „Tablinum" zu sehen, die als die beiden typischen Teile des römischen „Domus" gelten.

Die archäologische Situation entwickelt sich schnell, und gerade die Ausgrabungen der städtischen Niederlassungen nehmen um ein vielfaches zu. Dies war z. B. der Fall für die zweitrangigen Zentren Südetruriens, San Giovenale

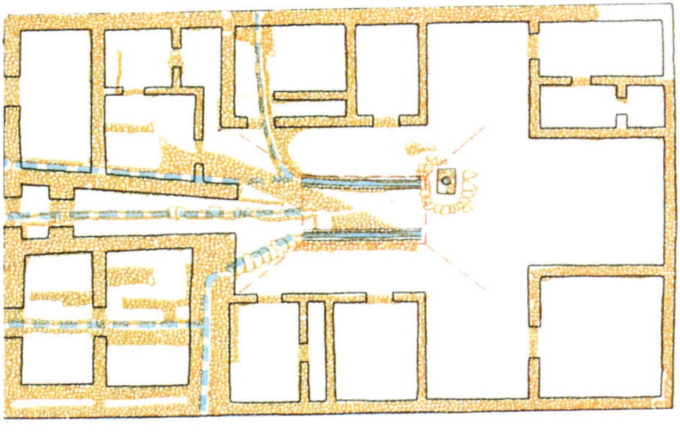

Der Plan eines Hauses in der Stadt Marzabotto, von der oben ein Häuserblock zu sehen ist, verdeutlicht die Anlage des Hauses um das „Atrium" herum, dessen Hauptfunktion es war, das Regenwasser zu sammeln und außerdem die angrenzenden Räume mit Licht zu versorgen. Auf diesem Plan ist der Verlauf der geneigten Dächer, die das Wasser zur Mitte des „Atriums" laufen lassen, das „compluvium", gestrichelt nachgebildet. Unter den verschiedenen Atriumformen gab es nach Vitruv auch ein „atrium tuscanicum" oder toskanisches Atrium. All dies legt sehr wohl etruskischen Einfluß auf die Gestaltung des traditionellen römischen Hauses nahe. Ebenso erfolgte die Gründung von Städten nach etruskischen Gepflogenheiten.

Diese Haus-Urne aus Chiusi hat Säulen mit äolischen Kapitellen, eine Rundbogentür und eine Galerie. Sie läßt bereits an einen „Palazzo" der florentinischen Renaissance denken. Ihre Form ruft das Bild eines wesentlich jüngeren Herrensitzes der hellenistischen Epoche in Erinnerung, dessen Anfänge ins 7. Jahrhundert zurückreichen (unten).

oder Acquarossa und später für die Hauptzentren Tarquinia oder Cerveteri. So sind uns verschiedene Wohnformen inzwischen besser bekannt.

Seit 1980 wird ein ganzer Ort aus dem 6. Jahrhundert am Ufer des Accesasees bei Massa Marittima ausgegraben, in dem Ingenieure und Arbeiter der nahgelegenen Minen gelebt haben müssen.

Die großen Herrschaftshäuser

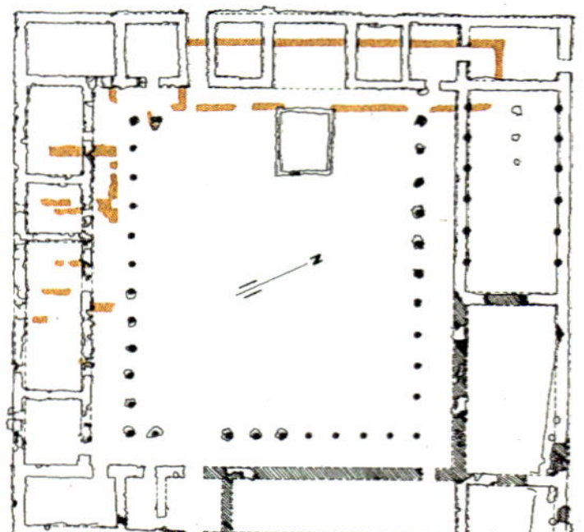

Doch trotz dieser Fortschritte kennen wir immer noch die „Paläste" am besten. So haben die amerikanischen Ausgrabungen des Bryn Mawr College in den vergangenen zwei Jahrzehnten in Poggio Civitate (Murlo), 25 km von Siena entfernt, einen Herrensitz freigelegt, der nach einer ersten Bauphase und einer darauffolgenden Zerstörung seine volle Ausdehnung zu Beginn des 6. Jahrhunderts erreichte.

Dieser „Adelspalast", der am Ende des 6. Jahrhunderts mit der Machtzunahme der Stadt Chiusi verschwand, wurde als Heiligtum interpretiert. Doch ist heute bekannt, daß die sakralen Gebäude nicht die einzigen waren, die mit einer architektonischen Terrakottaverzierung ausgestattet wurden. Die Ausgrabungen von Acquarossa haben sehr schön gezeigt, daß auch profane Gebäude und selbst einfache Häuser seit dem 7. Jahrhundert *Antefixe* hatten, ferner bemalte Ziegel und Tafeln mit zum Teil mythologischen Motiven. Das Interessante

In Murlo sind in Formen gegossene Terrakottaplatten gefunden worden, die als Fries den oberen Teil der in Schalentechnik gebauten Mauern verkleideten. Diese Platten zeigen vier Motive als Relief: ein Bankett, eine Prozession mit einem Wagen, ein Pferderennen mit „Jokkeys" und eine Gruppe von Menschen (nebenstehend). Luxusgegenstände mit raffinierten Verzierungen, Schmuck, Löffel aus Knochen (unten) etc. konnten nur der wohlhabenden Klasse gehört haben, vielleicht den Notablen aus Murlo. Links unten zeigt ein Fresko aus Orvieto die Vorbereitungen für ein opulentes Mahl.

an den Reliefs aus Terrakotta liegt auch darin, daß sie uns viele Informationen über Kleidung und Haartracht sowie über die üblichen Dinge des Alltags übermitteln. So sitzen die „Notablen" oft auf einem zusammenklappbaren Hocker, der nichts anderes ist als die zukünftige „sella curulis", der Amtssessel der höchsten römischen Magistrate. Diese Anspielung erinnert uns daran, daß die Römer die meisten Herrschaftsinsignien von den Etruskern kopiert haben, während sie den Thron der Urbs innehatten: Konsuln, Triumphatoren, Organisatoren der Spiele stellen sich jahrhundertelang dem „populus romanus" in der beeindruckenden Aufmachung der etruskischen Macht dar: purpurfarbene Toga, mit Stickereien geschmückte Tunika, Zepter, Rutenbündel, von denen man ein Exemplar in Vetulonia gefunden zu haben glaubt.

Bankette und Küchen

Das Bankett ist das häufigste Motiv auf den Grabfresken; es sollte den sozialen Status und den Reichtum der Familie zum Ausdruck bringen, der das Grab gehörte. Und genaugenommen handelt es sich meist um „symposia", bei denen man hauptsächlich Wein trank, der als Luxusgetränk galt.

Im Golini-Grab in Orvieto erlauben uns diese Malereien, einen Blick in die Küche eines aristokratischen Hauses zu werfen, wo

Dieses kleine Modell einer Kochstelle (unten)mit Bucchero-Gefäßen, der für Chiusi typischen Keramik, war für einen Verstorbenen bestimmt, der sich auch im Jenseits mit den gewohnten Dingen des Alltags umgeben sollte. Die fröhlichen Teilnehmer am Bankett im „Grabe der Leoparden" (oben) benutzten eher Metallgeschirr, wie diese bronzene „Feldflasche" aus Vulci (rechts oben). Alles kennzeichnet hier Luxus und Lebenslust der Etrusker: die Anmut der Diener, die Pracht bunter Mäntel und die gemusterten Wolldecken.

Hausangestellte einen Ochsen zerlegen, Wild zubereiten und Teig für Brot oder Kuchen kneten.

Dank der archäologischen Ausgrabungen, bei denen die farbigen Wandmalereien zum Vorschein kamen, kennen wir heute ungefähr die Küchenausstattung, über die eine etruskische Hausfrau verfügte. So zeigen uns die bemalten Stuckfresken im „Grab der Reliefs“ von Caere vollständige Weinservice mit Krateren, aus denen der Wein geschöpft wurde, Weinkannen zum Ausschenken und Schalen oder Becher zum Trinken. Manchmal waren sie aus Bronze, meist aber aus Ton.

Von der „tebenna“ zur Toga

Hinsichtlich der Mode, der Haartracht und Kleidung unterliegen, müssen chronologische Entwicklungen sorgsam berücksichtigt werden. Obwohl der Apollo von Veji beispielsweise noch blonde Zöpfe hat, die auf seine Schultern fallen, tragen die Männer im ausgehenden 6. Jahrhundert allmählich kurze Haare. Die Frauen ihrerseits bleiben lange Zeit einer Art von mehr oder weniger konischem Häubchen treu, dem „tutulus“.

Beim Betrachten des Schuhwerks überrascht auf jeden Fall die ausgefallene Form der „calcei repandi“, der Schnabelschuhe. Ihre hochgezogene Spitze kehrt sehr häufig als Motiv auf den Malereien oder bei den Terrakottaskulpturen wieder. Dagegen gehören enge Schnürstiefel zur Ausstattung der römischen Senatoren.

In der Reihe etruskischer Kleidungsstücke, vom ganz und gar funktionellen Lendenschurz oder „perizoma“ des Sklaven oder Athleten bis zur gestickten Robe des Vel Saties in Vulci, tritt auch der Rundmantel „tebenna“ in Erscheinung. Er ist Personen von hohem Rang vorbehalten, die ihn über ihrer Tunika tragen.

Durch mehrere Veränderungen wird er allmählich zur Toga, dem dominierenden Kleidungsstück des römischen

Die Personen dieser Terrakottatafel aus dem Palast von Murlo tragen eine Haartracht, die an die Stufenperücke der englischen Richter erinnert. Beim Vergleichen von Herren und Dienern läßt sich sehr gut feststellen, daß die Größe der Perücke mit dem Sozialstatus übereinstimmt.

Bürgers. Noch vor dem Ende des 1. Jahrhunderts wird die Toga sehr viel länger getragen und dadurch offensichtlich als so unbequem empfunden, daß die römischen Bürger sie entgegen der guten Sitte geflissentlich zu vergessen pflegen, wenn sie sich auf die überheizten Ränge des Circus begeben. Nur der Arringatore trägt noch regelmäßig eine kurze Toga, die „exigua".

Beerdigungsszenen, wie diese Prozession auf einer Alabasterurne aus Volterra, oder Statuetten von Göttinnen (links Turan) lassen Eigenarten der etruskischen Damenkleidung erkennen. Die Gürtelschnalle aus Bronze (unten) ist mit einem Faustkampfmotiv geschmückt. Mit erhobener Faust stehen sich die Boxer an einem Dreifuß gegenüber, der als Siegespreis ausgesetzt ist.

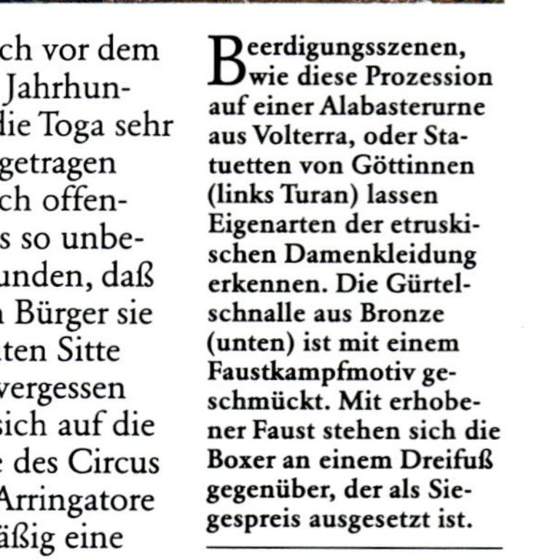

„Zu Beginn des 3. Jahrhunderts wurde einem Philosophen aus Athen, der überaus gerne die ‚Doppelflöte' spielte, der Spitzname ‚Tyrrhenos' gegeben. Vor allem in Rom wurde es sehr bald zur Gewohnheit, die ‚Subulonen' aus Etrurien kommen zu lassen. Sie waren für die rituellen Opferfeiern unentbehrlich, die sie mit ihren Blasinstrumenten musikalisch begleiteten. Sie gründeten in Rom ein Kollegium, das (...) sich das Monopol für diese Kunst vorbehielt. Am Ende des 4. Jahrhunderts traten sie eines Tages in Streik, da ihnen die Teilnahme an einem traditionellen Bankett im Kapitol versagt worden war, und zogen sich nach Tibur (Tivoli) zurück."

Jacques Heurgon

Die Musik ist allgegenwärtig

In Etrurien ist die Musik überall präsent, und es wird behauptet, daß in einer etruskischen Stadt eines am schwersten zu finden ist: ... Stille. Gewisse griechische Geschichtsschreiber zögern nicht, darin böswillig weitere Beweise für die Verweichlichung und Ausschweifungen der Etrusker zu sehen, welche sie so oft anprangerten. Gewiß finden in Griechenland auch Opferzeremonien mit Musikbegleitung statt, und die Auleten, die Spieler der „Auloi", d. h. einer Art Doppelflöte, spielen auch auf dem Ringplatz und im Stadion. Doch die Griechen – und selbst Aristoteles legt davon Zeugnis ab – scheinen schockiert zu sein, wenn sie sehen, daß die Etrusker sogar nach musikalischer

Begleitung verlangen, wenn es darum geht, Sklaven auszupeitschen, Brot zu kneten oder zu boxen. Doch es scheint, daß die *„auloi"* oder „tibiae" nur dazu dienten, diesen verschiedenen Tätigkeiten einen Rhythmus zu geben. Vor allem dadurch, daß die zwei Rohre der Flöte weit auseinanderstehen, sind die Musiktöne alles andere als melodisch. Die „tibiae" sind auch Instrumente für die militärische Fanfare, genauso wie die verschiedenen Trompetenarten, welche die Etrusker Rom hinterlassen haben: die lange, gerade Trompete („tuba"), die gebogene Trompete mit ausladendem Schalltrichter, welche die Römer „lituus" nennen, so wie den *Augurenstab*, der eine ähnliche Form hat.

Tänzer, Schauspieler oder Boxer?

Auf den Fresken und Reliefs lassen sich viele Szenen in Verbindung mit Musik und Tanz erkennen. Hier antwortet der Lyraspieler dem Auleten, und dort ist es ein endloser Reigen aus Tänzern und Musikern beiderlei Geschlechts, mit Gewändern in schillernden Farben: Die Malereien und die Skulpturen geben uns Hinweise auf die rituelle Bedeutung der Tänze. Herren und Diener, Amateure oder Berufstänzer zeigen eine erstaunliche Behendigkeit und Anmut: Die Handbewegungen der Tänzerinnen sind detailliert wiedergegeben.

Musikanten sind das Motiv auf diesem Bronzeeimer (oben) von der Certosa in Bologna und auf der Bronzeurne (unten) aus Bisenzio.

Wir haben den Beweis, daß die Lucumonen eine Truppe dieser höchst begabten Künstler unterhalten haben. In der bereits erwähnten Anekdote vom König von Veji hatte dieser – welch ein Sakrileg! – mitten im Fest des „Fanum Voltumnae" seine Künstlertruppe zurückgezogen. Dazu gehörten Athleten, Jongleure, Tänzer und Schauspieler (der Unterschied zwischen diesen zwei Sparten ist nicht genau zu bestimmen).

Eine Vielzahl der abgebildeten Tänze sind freie Tänze, die kein bestimmtes Thema haben; doch gab es auch Tänze mit Waffen und mit Choreographien, die mythologische

Motive zum Inhalt hatten. Auf einem Steinrelief aus Chiusi läßt sich ein wahres „Boxballett“ identifizieren, das aus drei Personen besteht, die sich unter der Führung eines Auleten zur linken Seite hin bewegen. Mit geschlossener Faust hinter dem Kopf nehmen sie eine Haltung ein, die für Faustkämpfer typisch ist.

Vielleicht geben Szenen wie diese eine Erklärung dafür, daß die Griechen den von Musik begleiteten etruskischen Boxkampf verachteten: Die hellenischen Autoren glaubten oder gaben vor zu glauben, daß alle etruskischen Faustkämpfer sich damit begnügten, anmutig im Rhythmus zu springen! Ein weiteres eindrucksvolles Bild bieten Tänzer, die als Satyrn verkleidet sind und Tänzerinnen, die sich in Mänaden verwandelt zu haben scheinen. Die ganze Szenerie stellt wahrscheinlich ein Ballett mit dionysischen Anklängen dar, bei dem schließlich die Mänaden auf den Schultern der Satyrn davongetragen werden.

Dieses Paar aus dem „Löwinnengrab“ (Mitte) führt einen bacchantischen Tanz auf: Die Frau, die ihren Tanz mit Kastagnetten begleitet, ist mit einer Tunika aus transparentem Leinen bekleidet, der Mann ist ganz nackt. Der „fliehende Phersu“ mit Maske und falschem Bart (rechts) aus dem „Augurengrab“ ist Tänzer und Boxer zugleich: eine Hand ist zur Abwehr geöffnet, die andere zur Faust geschlossen, bereit, zuzuschlagen.

Zu den Anfängen des römischen Theaters

Am Anfang des siebten Buches seiner *Historiae* erzählt uns wiederum Livius vom Beginn der „ludi scaenici“, der Theaterspiele in Rom. Im Jahre 364 v. Chr. erlebt die Stadt wieder eine jener „Pestepidemien“, in Wirklichkeit Malariaepidemien, welche die Bevölkerung während der ersten Jahrhunderte der Republik heimsuchten. Um die erzürnten Götter zu besänftigen, soll ein neuer Ritus eingesetzt werden. Also läßt man aus Etrurien Tänzer kommen; Livius gesteht, daß es ihren Bewegungen nicht an Anmut mangelte, obwohl sie weder Gesang noch ein bestimmtes Ballettthema kennen. Dies läßt an die etruskischen Tänzer mit geschlossenem Mund auf den Fresken von Tarquinia denken.

Solcher Art sind die bescheidenen Anfänge des römischen Theaters. Wahrscheinlich nimmt es später, wie das etruskische Theater selbst, von dem uns nichts erhalten ist, eine mehr „literarische“ Gestalt an. Aber letzten Endes bleibt es im wesentlichen ein Tanztheater. Deutlich wird jedenfalls der tiefreligiöse Charakter all dieser Spiele in Etrurien wie in Rom. Schließlich ist aus Etrurien der lateinische Begriff „Histrione“ (für „Schauspieler“) entlehnt, der uns daran erinnert, daß die Geschichte des europäischen Theaters nicht ohne die Etrusker verlaufen ist.

Nicht alle Etrusker besitzen das nötige Vermögen, um sich während der Trauerfeierlichkeiten für einen Elternteil Sportvorführungen leisten zu können. Als Ersatz boten sich kleine Figuren und Theatermasken aus Terrakotta an, die manchmal den Gräbern beigegeben wurden.

Sportliche Spiele

Vor den Theateraufführungen im eigentlichen Sinne kannte Rom lediglich die Zircusspiele, die „ludi circenses“, die im antiken Italien sowohl Athletik als auch Reitsportwettkämpfe umfassen. Auch diese sind von einem starken etruskischen Einfluß geprägt.

In seinen Anfängen schätzt man in Etrurien besonders die Kampfsportarten, das Boxen, das Ringen und den Faustkampf, die in recht eigenwilliger Weise durchgeführt wurden. Gegen Ende des 6. Jahrhunderts kommen in der

Welt der etruskischen Spiele Wettkämpfe auf, die eher griechischen Ursprungs sind, wie das Diskus- und das Speerwerfen sowie der Weitsprung. Es stellt sich sogar die Frage, ob die Etrusker nicht einfach den griechischen Pentathlon übernommen haben, der auch das Ringen und den Stadionlauf, einen Sprintwettkampf über ungefähr 180 m, umfaßte. Diese letzte Feststellung darf uns nicht zu der Annahme verleiten, Etrurien habe in diesem Bereich alles von Griechenland kopiert und sich damit begnügt, das olympische Vorbild, so eindrucksvoll dies auch gewesen sein mag, nachzuahmen. Beispielsweise haben die Etrusker

die Nacktheit der griechischen Athleten nicht uneingeschränkt kopiert. Für alle Fälle statten sie ihre Athleten mit schützenden Leibbinden aus, die einem modernen Suspensorium sehr ähnlich sind. Auch die Stellung des Sportlers in der Gesellschaft ist völlig verschieden: Die etruskischen Sportler sind keine *Epheben*, die der herrschenden Klasse angehören, wie dies oftmals im Athen des 6. und 5. Jahrhunderts der Fall ist, sondern sehr wohl Berufssportler. Wahrscheinlich kamen sie zunächst aus der Sklavenschicht und erlangten, wie auch später die römischen Wagenlenker, dank der Gunst ihrer Herren einen höheren

Nach den Wettkämpfen kommen die bewaffneten Tänzer und die Athleten, um ihren Preis, hier die Weinschläuche unter der Tribüne, abzuholen. Um von ihrer Haut die Schicht aus Öl, Schmutz und Schweiß zu entfernen, verwenden sie, wie in Griechenland, ein Schabeisen (oben). Auf der Tribüne unterhalten sich die Preisrichter miteinander, die lange, gekrümmte Stäbe halten, während ein Schreiber die Siegerliste auf dem aktuellen Stand hält. Links eine Ringszene.

Eine der Platten vom Palast in Murlo zeigt ein Pferderennen mit Jockeys, die mit wehendem Umhang und ohne Sattel reiten. Der Preis für den Sieger ist ein großer Kessel, der auf einer kleinen Säule steht. Die Szene spielt in der Nähe Sienas und läßt an das berühmte Palio denken, dessen Ursprünge jedoch jüngeren Datums sind.

Status. Aus etruskischer (und römischer) Perspektive sind und bleiben diese „Spiele“ zunächst Schauspiele.

Die Pferderennen

Die Etrusker führen Pferderennen mit Jockeys durch, wie dies in Murlo zu sehen ist. Aber sie scheinen diese Wettkampfart, die in ihren Augen vielleicht zu einfach und zu banal war, schnell aufgegeben zu haben, um sie durch Wettkämpfe von Kunstreitern zu ersetzen. Diese springen von ihrem Reittier bei vollem Galopp herunter, um den letzten Teil des Rennens zu Fuß zu bestreiten, oder schwingen sich bei jeder Runde von einem Pferd auf ein anderes. Die römischen „desultores“ nehmen auch hier nur wieder die Anregung ihrer etruskischen Vorgänger auf.

Neben diesen Wettkämpfen sind offensichtlich die Rennen, mit zwei- oder dreispännigen Wagen, die Hauptattraktion der Wettspiele. Die etruskischen Künstler, wie auch später die römischen Mosaikkünstler, versäumen es nicht, die spektakulären Stürze der Reiter besonders hervorzuheben, die offensichtlich häufig vorkommen und nicht selten tödlich enden. Die Römer nehmen auch die Rennen mit Dreigespannen wieder auf, die der Wagenlenker von Delphi niemals kannte. Anhand dieser Beispiele wird verständlich, daß die römischen Spiele Etrurien viel verdanken.

Ländliche Spiele

Die Archäologen haben keine Spuren entdeckt, die von einem etruskischen Stadion, einem Zirkus oder von einem Theater stammen könnten. Das ist auch nicht verwunderlich, finden doch Aufführungen in der Regel auf dem freien Lande statt, beispielsweise neben den Nekropolen, sofern es sich um Spiele anläßlich einer Bestattung handelt. Einige provisorische Aufbauten aus Holz, die rasch wieder abgebaut werden können, reichen dazu aus. Vor allem sind es Holztribünen für die prominentesten Zuschauer, wovon uns ein Fresko aus Tarquinia einen anschaulichen Eindruck vermittelt. Man könnte sich ins Mittelalter versetzt glauben, denn genau wie mit den etruskisch-römischen Spielen sollten auch im Mittelalter durch die „Mysterienspiele" die Epidemien bekämpft werden.

Noch heute haben sich kleine italienische Städte in der Toskana, z. B. Pienza oder San Giminiano, eine Atmosphäre bewahrt, die noch etwas von dem einstigen Etrurien mit seinem ländlichen Leben und seinen vertrauten Festen widerspiegelt. „Man sucht einen Etrusker", schrieb Jacques Heurgon, „und trifft sehr oft auf einen Italiener . . ."

Bei der Schilderung der etruskischen Spiele ist von „ländlichen Festen" gesprochen worden. Gaukler, Jongleure, Seiltänzer, Seilzieher, Possenreißer, junge Burschen, die an einem Klettermast emporsteigen – ein noch immer sehr beliebtes Spiel in einigen Marktflecken der Toskana –, all das gehört dazu und wird meist von ohrenbetäubender Musik begleitet. Hier ist eine Zirkusszene im modernen Sinne des Wortes zu sehen, die aus dem kürzlich freigelegten „Jongleurgrab" stammt. Ein Artist versucht, mit seinen Ringen die Flamme eines Kandelabers zu treffen, den eine Frau auf dem Kopf trägt.

SECHSTES KAPITEL

DIE ROMANISIERUNG ETRURIENS

Konsul Varro, der bei Cannae von Hannibals Karthagern besiegt wurde, wendet sich an seine Verbündeten: „Wir müssen nicht gegen den Samniten oder den Etrusker kämpfen, denn würden wir auch der Macht beraubt, so bliebe sie dennoch in Italien.“ Selbst wenn sie eine fremde Sprache sprechen und die gegen sie geführten Kriege grausam waren, sind die Etrusker doch ein italienisches Volk. Mühelos kann so Augustus aus Etrurien die siebte Region Italiens machen.

Auch wenn Antonio Pollaiolo die saugenden Zwillinge am Ende des 15. Jahrhunderts von der Bronzefigur hinzugefügt hat, so ist die Kapitolinische Wölfin doch eine etruskische Arbeit aus dem 5. Jahrhundert v. Chr. Rom hat Etrurien besiegt, dieses hat ihm jedoch seinen Gründungsmythos hinterlassen.

Dieser Votivkopf eines Mannes aus polychromer Terrakotta (links) wurde im Tempel von Manganello in Cerveteri entdeckt; er stammt aus dem 3. Jahrhundert v. Chr. Ähnliche Köpfe finden sich in großer Zahl in den Votivdepots neben verschiedenen Nachbildungen von Teilen des menschlichen Körpers, von denen Heilung durch das Eingreifen der Gottheit erhofft wurde. Der Kopf von Tinia (unten), dem etruskischen Zeus, stammt aus einem der vielen Tempel von Orvieto, das die „Hauptstadt" Etruriens war und die letzte Stadt, die Rom widerstand.

Es ist schwer, den Ablauf der Romanisierung unparteiisch darzustellen. Einerseits beweisen die Römer, trotz der „Deportation" der Volsinier, eine gewisse Großzügigkeit. So lassen sie beispielsweise den etruskischen Städten ihre Freiheit oder zumindest ihre interne Autonomie. Sie belasten sie nicht mit schweren Tributen, wie dies später bei Karthago der Fall sein wird, und sie versuchen auch nicht, die Bräuche, die Religion und vor allem nicht die etruskische Sprache auszulöschen.

Ist diese Freiheit aber andererseits nicht doch rein formell? Rom installiert zweifellos nicht sofort und nicht überall ein dichtes Netz von Kolonien, um aus dem Land der Feinde, das dann zum „ager publicus" wird, Profit herauszuholen. In der Kolonie von Cosa, auf dem Gebiet von Vulci, werden im Jahre 273 mehr als 4000 Bürger aus Rom und aus Latium angesiedelt, um gegen mögliche Angriffe der Karthager gewappnet zu sein. Wenig später werden im Gebiet von Caere – das zur Hälfte von Rom beschlagnahmt wurde – vier Küstenkolonien geschaffen, davon eine in Pyrgi. Im 2. Jahrhundert setzt sich diese Entwicklung fort: So wird im Jahre 181 in Gravisca, dem Hafen von Tarquinia, eine römische Kolonie abgegrenzt. Die Städte Etruriens, die von nun an „föderierte" (verbündete) genannt werden, müssen Rom Soldaten stellen und so zu den imperialistischen Aktivitäten der Siegermacht beitragen.

Eine wirkungsvolle Politik

Diese römische Politik ist kein Mißerfolg, denn trotz aller Anstrengungen Hannibals, die der Urbs gerade unterworfenen Volksstämme für seine Sache zu gewinnen, hält Etrurien während des Zweiten Punischen Krieges Rom die Treue. Auch in materieller Hinsicht leistet es seinen Beitrag zur Stabilisierung des Reiches. Vor allem die Regionen Zentral- und Nordetrurien sind sehr wohlhabend.
Bei den Bemühungen, die Flotte des Scipio auszurüsten, zeigen insbesondere Perugia und Chiusi ihre Unterstützungsbereitschaft, aber mehr noch Arezzo mit seinen Metallen, seinen Waffen, seinen landwirtschaftlichen Geräten und seinen 120000 Scheffel Weizen. Volterra seinerseits liefert bei diesem Unternehmen Holz für die Schiffe.

Die an der Küste gelegenen Teile Etruriens befinden sich indessen im vollen Niedergang, auch wenn sie noch nicht zu den ungesunden *Maremmen* geworden sind, die im Laufe der Jahrhunderte von den Reisenden beschrieben werden. Zu jenem Zeitpunkt sind sie durch große Landgüter charakterisiert, die „villae", die von fremden Sklaven bewirtschaftet werden, welche als Folge von Roms Kriegen nach Italien gekommen sind. Als Tiberius Gracchus im Jahre 137 auf der Via Aurelia fährt, drängt es ihn beim Anblick der ausgedehnten Landgüter dazu, eine große Agrarreform durchzuführen, die es ermöglichen soll, wieder jenen Stand von Bürgern zu schaffen, die Bauern und Soldaten waren und die die Größe der Urbs ausgemacht hatten.

Mit den militärischen Erfolgen der Römer verbreitet

Darstellungen des Gottes Dionysos sind vom 5. Jahrhundert v. Chr. an in Etrurien sehr häufig (wie diese Statuette und die Statuetten auf der folgenden Seite). Es besteht kaum Zweifel, daß schon sehr früh ein Fufluns-kult bestand. „Fufluns" ist der etruskische Name für Dionysos, dessen Herkunft umstritten ist. Doch gilt als bekannt, daß der griechische Dionysos auch als „Bakchos" bezeichnet wurde, ein Wort, daß im Lateinischen der Hauptname des Gottes Bacchus wurde. Das Gegenstück, „Pacha", ist in Etrurien in der hellenistischen Zeit vorhanden, genau in jenem Moment, in dem dieser Kult zumindest in den Augen bestimmter Zeitgenossen allmählich beunruhigende Züge annimmt. Die Inschriften bestätigen die Bedeutung der bacchantischen Zeremonien. Bekannt sind ein bedeutender Notabler aus Tarquinia, der Prätor des etruskischen Bundes und „marunuch pachanati" (wahrscheinlich Quästor am Orte des Bacchus) war, sowie eine Person aus Tuscania, die „maru pachathuras" („Quästor der Bacchanten") gewesen ist.

sich der wirtschaftliche Wohlstand im Italien des 2. Jahrhunderts: Die etruskischen Führer profitieren davon, und Rom stützt sich weiterhin auf sie, um das Land zu halten. Es ist aber nicht gesichert, daß alle Schichten in derselben Weise reagieren: Auch wenn die Quellen zu diesem Thema spärlich sind, ist doch bekannt, daß im Jahre 196 eine Sklavenrevolte von großer Tragweite ausbricht. Im Jahre 186 geht es um die *Bacchanalien*, die Anhänger eines Geheimkultes, die vom Senat in hohem Maße unterdrückt werden. In Bolsena sind französische Ausgrabungen auf bemerkenswerte unterirdische Kulteinrichtungen gestoßen, die sehr deutlich die Bedeutung dieser Religion in Etrurien am Ende des 3. und ganz zu Beginn des 2. Jahrhunderts zeigt.

Die verschiedenen Wege der Romanisierung

Die Romanisierung schreitet voran: Fernstraßen werden von Rom ausgehend gebaut, um das Land zu erschließen, die örtliche Elite erhält das römische Bürgerrecht und erlangt wieder die höchsten Ämter, die sie während der Unabhängigkeit Etruriens ausübte. So wird Marcus Perpenna – mit typisch toskanischem Namen – im Jahre 130 v. Chr. zum Konsul gewählt.

Das Etrurien des 1. Jahrhunderts folgt von nun an den Geschicken der römischen Republik. Nach dem „Bundesgenossenkrieg“ der Jahre 91 – 88, macht Rom Zugeständnisse, als sich alle Italiker gegen die Urbs erheben. Wie zwei Jahrhunderte zuvor mußte sie bei Sentinum einem ersten Bündnis aus Etruskern, Umbriern, Samniten und gallischen Söldnern die Stirn bieten. Die freien Bewohner Etruriens erhalten nun durch das „Papiria-Plautia-Gesetz“ das volle Bürgerrecht.

Im blutigen Konflikt zwischen den römischen Heerführern Marius und Sulla stellen sich die Etrusker mehrheitlich auf die Seite von Marius. Dies müssen sie teuer bezahlen,

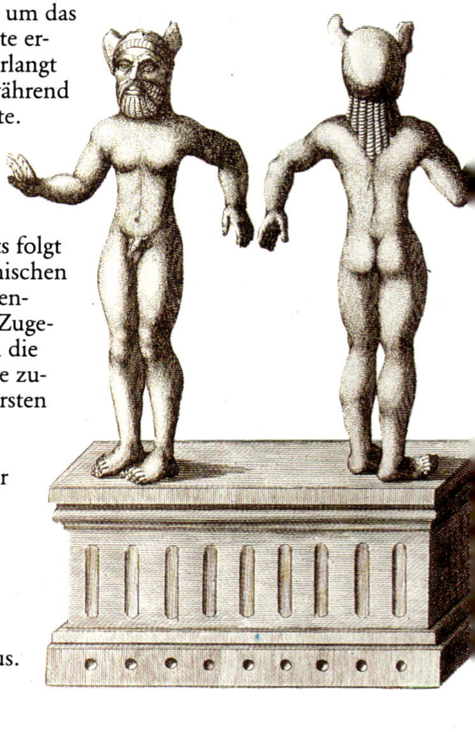

Diese Inschrift aus dem augusteischen Zeitalter, die als „Bilingue von Pesaro“ bekannt ist, ist die einzige etruskisch-lateinische Inschrift, die nicht nur den Namen des Verstorbenen trägt; sie gibt auch seine Tätigkeit an: NETSVIS TRVTNVT FRONTAC = HARVSPEX FVLGVRIATOR („Haruspex und Blitze deutender Priester“). Doch über den genauen Sinn der etruskischen Wörter gibt es noch heute kontroverse Meinungen. Dies zeigt einmal mehr, daß eine zweisprachige Inschrift nicht alle Probleme löst (so ist FRONTAC vielleicht ein geographischer Name, welcher „der Mann aus Ferentum“ bezeichnete). Es ist jedenfalls bekannt, daß die Haruspices weiterhin für lange Zeit eine wichtige Rolle spielten: Ein Kollegium von 60 Haruspices wurde unter der Kaiserherrschaft zunächst in Tarquinia, dann in Rom eingerichtet.

besonders die Städte Volterra und Populonia, die einer mörderischen Belagerung ausgesetzt sind. In einem Prozeß, der sich in den folgenden Jahrzehnten oftmals wiederholt, siedelt Sulla seine Veteranen in Chiusi, in Arezzo und in Fiesole an, wie dies später auch Cäsar und Augustus machen werden.

All dies beschleunigt natürlich die Vermischung der etruskischen mit der römischen Kultur. Letztere dominiert von nun an weitgehend in dieser zweiten Hälfte des 1. Jahrhunderts: Alle etruskischen Städte, die zu Municipia geworden sind, haben Magistrate mit römischen Bezeichnungen – Duumvirn, Ädilen etc., – die Zeit der *Zilath* und der *Maru* ist abgelaufen, die etruskische Sprache wird kaum mehr geschrieben, und bald integriert sich die gesamte etruskische Aristokratie in die Senatsordnung. Horaz erinnert sich sicher, daß Maecenas der Nachfahre von Lucumoen aus Arezzo ist. Doch dieser hat sich entschlossen, die rechte Hand des ersten römischen Kaisers zu sein. Von nun an gehört die etruskische Kultur den Etruskologen.

ZEUGNISSE UND DOKUMENTE

Die Herkunft der Etrusker

Die Frage, woher die Etrusker eigentlich stammen, haben sich schon in der Antike griechische und römische Historiker gestellt. Heute weiß man, daß dieses Volk zwischen Arno und Tiber nicht als Ganzes eingewandert, sondern bis weit zurück in prähistorische Zeiten in Italien seßhaft war.

Der griechische Historiker Herodot, der von etwa 480 bis 400 v. Chr. lebte, weiß zu berichten, daß sie aus Kleinasien eingewandert seien. Dionysios von Halikarnassos, der kurz vor der Zeitenwende schrieb, wendet sich dagegen und meint, es handele sich um italische Ureinwohner.

Zur Zeit des Königs Atys, des Sohnes des Manes (d. h. im 13. Jh. v. Chr.), herrschte in ganz Lydien große Hungersnot. Eine Zeitlang ertrugen sie die Lyder geduldig. Als sie aber immer länger dauerte, suchten sie Abhilfe, und jeder überlegte etwas anderes. Damals wurden das Würfel-, das Knöchel- und das Ballspiel und alle anderen Arten von Spielen erfunden, mit Ausnahme des Brettspieles, dessen Erfindung die Lyder nicht für sich in Anspruch nehmen. Durch diese Beschäftigungen vertrieben sich die Lyder den Hunger, indem sie einen ganzen Tag hindurch spielten, um sich von der Eßlust abzu-

Ringkämpfer und Schiedsrichter vor den Siegerpreisen, kostbaren Bronzebecken. Aus dem Grab der Auguren in Tarquinia, um 520 v. Chr.

Porträtherme des griechischen Historikers Herodot, römische Kopie nach einem griechischen Original des 4. Jh.s v. Chr.

lenken. Den nächsten Tag wießer aßen sie und spielten nicht. So lebten sie achtzehn Jahre lang. Als die Not aber nicht nachließ, sondern sie sogar noch mehr bedrängte, schied der König alle Lyder in zwei Gruppen und ließ sie losen; die eine Hälfte sollte im Lande bleiben, die andere sollte auswandern. An die Spitze der Gruppe, die das Bleiben erloste, stellte sich der König selbst, an die der anderen Gruppe, welche sich von der Heimat trennen sollte, stellte er seinen Sohn Tyrrhenos. Die einen, die das Los des Auswanderns getroffen hatte, zogen nach Smyrna hinunter und bauten Schiffe. Darin verluden sie alles, was sie für eine Seefahrt brauchten, und fuhren dann auf die Suche nach Lebensunterhalt und Land. An vielen Völkern fuhren sie vorbei und kamen schließlich zum Lande der Umbrer. Hier gründeten sie Städte und wohnen noch heute dort. Statt Lyder nannten sie sich nun anders nach des Königs Sohn, der sie dorthin geführt hatte. Nach ihm bildeten sie sich ihren Namen und nannten sich Tyrrhener. Die Lyder in der Heimat aber waren Untertanen der Perser geworden.

Herodot: *Historien I, 94*

...und ich glaube auch nicht, daß die Tyrrhener Kolonisten der Lyder waren; denn sie benutzen nicht dieselbe Sprache wie diese. (...) Sie verehrten auch nicht dieselben Götter wie die Lyder und benutzten nicht dieselben Gesetze oder vergleichbare Institutionen. (...) Am nächsten kommen der Wahrheit die, die sagen, daß das Volk von nirgendwoher eingewandert ist, sondern daß es Urbewohner ihres Landes sind, da es ein sehr altes Volk ist und mit keinem anderen in bezug auf Sprache und Gebräuche übereinstimmt. (...) Die Römer geben ihnen andere Namen: sie nennen sie wegen des Landes, das sie bewohnten, Etrurien genannt, Etrusker. Aus der Kenntnis ihrer religiösen Zeremonien... nennen sie sie jetzt, recht ungenau, Tusci. (...) Sie selbst nennen sich, nach einem ihrer Führer, Rasenna.

Dionysios von Halikarnassos: *Buch I, 30*

Der lateinische Historiker Livius, der von etwa 60 v. Chr. bis 15. n. Chr. lebte, ist eine unserer besten Quellen zur etruskischen Königsgeschichte von Rom (614 – 509 v. Chr.). Im 1. Buch seiner „Geschichte Roms" berichtet er von der Ankunft des zukünftigen etruskischen Königs von Rom, Tarquinius, und der wichtigen Rolle seiner Frau Tanaquil.

Unter der Regierung des Ancus zog Lucumo, ein Mann mit großem Tatendrang und ungeheurem Reichtum, nach Rom, hauptsächlich weil er hoffte, hier zu der ersehnten hohen Ehrenstellung zu kommen, die er in Tarquinii – denn er stammte auch dort nicht aus einer eingesessenen Familie – nicht hatte erreichen können. Er war ein Sohn des Demaratos aus Korinth. Dieser hatte wegen innerer Unruhen seine Heimat verlassen müssen und sich zufällig in Tarquinii angesiedelt. Dort hatte er geheiratet und zwei Söhne bekommen; sie hießen Lucumo und Arruns. Lucumo überlebte seinen Vater und erbte das gesamte Vermögen; Arruns dagegen starb vor seinem Vater und ließ seine Frau schwanger zurück. Aber der Vater überlebte diesen Sohn nur kurze Zeit; er starb, ohne zu wissen, daß seine Schwiegertochter ein Kind erwartete und ohne seinen Enkel im Testament zu bedenken. Der Knabe, der dann nach dem Tode seines Großvaters zur Welt kam und keine Aussicht auf einen Anteil an dem Vermögen hatte, erhielt wegen seiner Armut den Namen Egerius. Lucumo dagegen, dem Erben des gesamten Vermögens, stärkte der Reichtum das Selbstbewußtsein; dieses nahm noch zu, als er Tanaquil, eine Frau aus den höchsten Kreisen, heiratete, die sich nicht leicht damit abfinden konnte, daß die Familie, in die sie hineingeheiratet hatte, unbedeutender war als die, aus der sie kam. Da die Etrusker auf Lucumo als Sohn eines zugewanderten Mannes herabsahen, wurde diese Zurücksetzung für sie unerträglich; sie vergaß die angestammte Liebe zu ihrer Vaterstadt, und nur um ihren Mann geehrt zu sehen, beschloß sie, von Tarquinii wegzuziehen. Rom schien zu diesem Zweck am ehesten geeignet. In diesem neuen Volk, wo der gesamte Adel

Vornehme Etrusker beim Gelage; architektonische Verkleidungsplatte aus Ton von einem Haus in Acquarossa. 6. Jh. v. Chr.

schnell emporgekommen sei und auf Leistung beruhe, werde ein tapferer und tatkräftiger Mann seinen Platz finden. Dort sei schon der Sabiner Tatius König gewesen; den Numa habe man von Cures auf den Thron geholt; auch Ancus habe eine Sabinerin zur Mutter und sei ein Adliger mit nur einem einzigen Ahnenbild, dem Numas. Sie konnte ihren Mann leicht bereden, der voller Ehrgeiz und für den Tarquinii ja nur Heimat mütterlicherseits war. Sie nahmen also ihren Besitz und zogen weg nach Rom.

Man war gerade am Janiculum angekommen. Lucumo saß mit seiner Gemahlin auf dem Wagen – da schwebte ein Adler mit ausgebreiteten Schwingen sanft herab und trug seine Filzkappe davon; dann flog er laut kreischend über dem Wagen und setzte ihm die Kappe wieder richtig auf den Kopf, als sei er von den Göttern zu diesem Dienst geschickt worden; darauf entschwand er in den Lüften. Tanaquil soll dies hocherfreut als eine Prophezeiung aufgefaßt haben; war sie doch, wie die Etrusker allgemein, eine Frau, die mit himmlischen Zeichen vertraut war. Sie fiel ihrem Mann um den Hals und forderte ihn auf, das Größte und Schönste zu hoffen; gerade dieser Vogel sei gekommen, aus dieser Himmelsrichtung und als Bote dieses Gottes, er habe oben am Scheitel eines Menschen ein Zeichen gegeben und habe den Kopfschmuck, der auf einem menschlichen Haupt saß, weggehoben, um ihn auf göttliches Geheiß demselben Mann wieder aufzusetzen.

Mit diesen hoffnungsvollen Gedanken fuhren sie in die Stadt hinein; und nachdem sie dort Wohnung genommen hatten, gaben sie als Namen L. Tarquinius Priscus an. Daß er neu zugezogen und so reich war, machte ihn für die Römer interessant. Er half aber auch selbst dem Glück nach, indem er freundlich mit den Leuten redete, leutselig Einladungen gab und durch Gefälligkeiten sich verpflichtete, wen er konnte. Schließlich drang sein Ruf auch bis in das Haus des Königs. Von dieser bloßen Bekanntschaft hatte er es beim König durch Dienste, bei denen er sich großzügig und geschickt zeigte, bald zu einer engen und vertrauten Freundschaft gebracht, so daß er in gleicher Weise bei staatlichen wie bei privaten Beratungen im Krieg und Frieden hinzugezogen wurde und daß ihn der König schließlich sogar als einen allseits bewährten Mann testamentarisch zum Vormund seiner Kinder bestellte.

Der lateinische Historiker Livius; neuzeitlicher Kupferstich

Ancus regierte vierundzwanzig Jahre; er konnte sich jedem der früheren Könige an die Seite stellen, was seine Fähigkeiten und was seinen Ruhm im Krieg und im Frieden anging. Seine Söhne waren schon fast erwachsen. Um so mehr drängte Tarquinius darauf, daß möglichst bald die Volksversammlung zur Wahl des Königs stattfand. Als sie anberaumt war, schickte er die Jungen kurz vor dem Wahltermin auf die Jagd. Tarquinius soll der erste gewesen sein, der sich aus Ehrgeiz um die Königsherrschaft bewarb und der eine Rede hielt, die darauf angelegt war, die Herzen des einfachen Volkes zu gewinnen: Worum er sich bewerbe, sei nichts Neues; denn er sei nicht der erste – darüber könnte man sich noch entrüsten oder verwundern –, sondern bereits der dritte, der als Fremder in Rom nach der Königsherrschaft strebe. Tatius sei nicht nur ein Fremder, sondern sogar ein Feind gewesen, ehe er König wurde, und Numa, der die Stadt gar nicht kannte, habe man, ohne daß er danach gestrebt hätte, von sich aus auf den Thron gerufen. Er dagegen sei, sobald er sein eigener Herr gewesen sei, mit seiner Frau und seinem gesamten Vermögen nach Rom gezogen; von den Jahren, in denen man sich öffentlichen Aufgaben widme, habe er einen größeren Teil in Rom zugebracht als in seiner alten Heimatstadt; im Frieden und im Krieg habe er unter einem Lehrmeister, dessen er sich nicht zu schämen brauche, nämlich unter König Ancus persönlich, die politischen und die sakralen Einrichtungen Roms kennengelernt; an Gehorsam und an Ehrerbietung gegen den König habe er alle zu übertreffen gesucht, an Güte gegenüber anderen sogar den König selbst. Was er da vorbrachte, traf durchaus zu, und das römische Volk wählte ihn mit überwältigender Einmütigkeit zum König. Den im übrigen hervorragenden Mann verließ der Ehrgeiz, den er bei der Bewerbung gezeigt hatte, auch jetzt nicht, wo er König war. Vor allem um seine Herrschaft zu sichern, aber auch um den Staat zu stärken, berief er hundert Senatoren, die dann „Väter der jüngeren Familien" genannt wurden, eine absolut zuverlässige Gefolgschaft des Königs, dem sie den Einzug in die Curie zu verdanken hatten.

Zuerst führte er Krieg gegen die Latiner und nahm bei ihnen die Stadt Apiolae im Sturm. Von dort kehrte er mit reicherer Beute zurück, als man es nach dem Ruf des Krieges erwartet hatte, und veranstatete dann Spiele, die aufwendiger und besser ausgestattet waren als die der früheren Könige. Damals wurde auch zum erstenmal für den Circus, der heute Circus Maximus heißt, der Platz abgesteckt. Den Senatoren und den Rittern wurden gesonderte Plätze angewiesen, wo sich jeder von ihnen Zuschauersitze errichten konnte; die nannte man *fori* (Sitzreihen); sie sahen von den Sitzen aus zu, die auf zweizinkigen Pfosten ruhten und zwölf Fuß über der Erde waren. Die Vorführung bestand aus Pferderennen und Faustkämpfen, deren Akteure man vor allem aus Etrurien herbeigeholt hatte. Die feierlichen Spiele wurden dann zu einer jährlichen Einrichtung und wurden entweder *ludi Romani* (Römische Spiele) oder *ludi magni* (Große Spiele) genannt.

Livius:
Römische Geschichte, Buch I

Etruskische Texte

Auch der modernen Sprachwissenschaft gibt die Sprache der Etrusker noch Rätsel auf. Zwar lassen sich etruskische Texte, denen in der Regel das griechische Alphabet zugrunde liegt, fast immer entziffern, doch bereitet die Interpretation der Inhalte, besonders längerer Texte, bis heute Schwierigkeiten.

Das Etruskische gilt häufig immer noch als geheimnisvoll und nicht entziffert. Aber wir kennen inzwischen fast 10 000 etruskische Texte, die wir alle problemlos lesen können und die wir zum größten Teil auch verstehen.

Die meisten bekannten Texte, in der Regel handelt es sich um Inschriften in Stein, Keramik oder Bronze, sind nur wenige Wörter lang und geben ein immer wiederkehrendes Vokabular und relativ einfache grammatische Strukturen wieder; man kann sie übersetzen oder zumindest gut interpretieren. Die wenigen längeren Texte sind im Detail umstrittener, da es zu manchen Formen keine Parallelen gibt; in der Gesamtdeutung sind sie jedoch ebenfalls verständlich. Eine etruskische Literatur ist uns nicht erhalten. Zur Deutung des Etruskischen hat man sich vor allem dreier Methoden bedient, der etymologischen (Untersuchung der Herkunft bestimmter Worte oder Strukturen), der kombinatorischen (die Erklärung der Sprache

Abschied vor dem Eingang zur Unterwelt. Aus dem Grab der Familie Ane in Tarquinia, 3./2. Jh. v. Chr.

aus sich selbst heraus, aus dem Vergleich der Texte untereinander und dem Zusammenhang mit dem Objekt, auf dem sie sich befinden) und der bilinguistischen (Vergleiche mit anderen Sprachen, besonders mit Hilfe von Bilinguen, d. h. zweisprachiger Texte).

Aus verschiedenen Textgattungen seien im folgenden einige Beispiele erläutert.

Alphabet

Es gibt mehrere komplette etruskische „Modellalphabete". Eines der ältesten wurde im 7. Jahrhundert am Rande eines Schreibtäfelchens aus Elfenbein eingeritzt. Es wurde in Marsiliana d'Albegna gefunden und befindet sich heute im Archäologischen Museum in Florenz. Man erkennt daran sofort zwei grundlegende Dinge: erstens handelt es sich im großen und ganzen um ein griechisches Alphabet, das wir demnach problemlos „entziffern" können; zweitens schreiben die Etrusker von rechts nach links, so wie auch die Griechen in der Frühzeit.

In diesem Modellalphabet finden sich jedoch auch Buchstaben, die in den übrigen etruskischen Texten nicht auftreten. Die Tabelle mit den Alphabettypen und dem entsprechenden Lautwert zeigt, daß *b, d, g* und *o* in der Regel fehlen. Für *o* wird das *u* benutzt, statt des seltenen *k* findet man meist das *c*. Ein nichtgriechischer Buchstabe in Form einer 8 entspricht dem Lautwert *f*; anders als im Griechischen gibt es zwei Formen des *s*.

Künstlersignatur

Die Inschrift ist auf der Schulter eines kleinen Bucchero-Aryballos eingeritzt, eines Behälters für Salböle oder Parfüm, der sich in der Sammlung der

Auf dem Rand dieses Schreibtäfelchens aus Marsiliana, dessen Schreibfeld mit Wachs gefüllt war, ist ein Alphabet eingeritzt. Es ist, wie die meisten etruskischen Inschriften, von rechts nach links zu lesen.

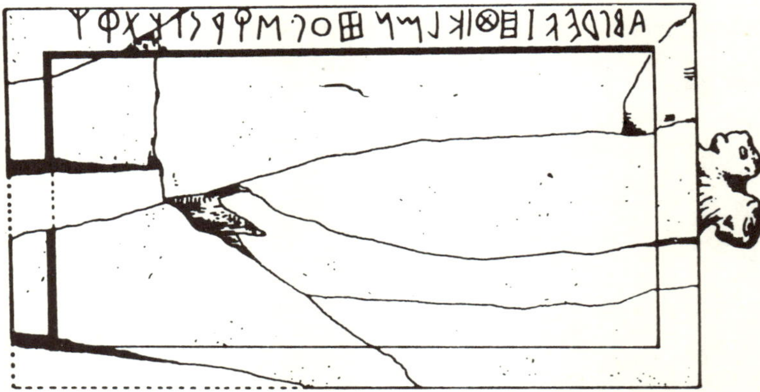

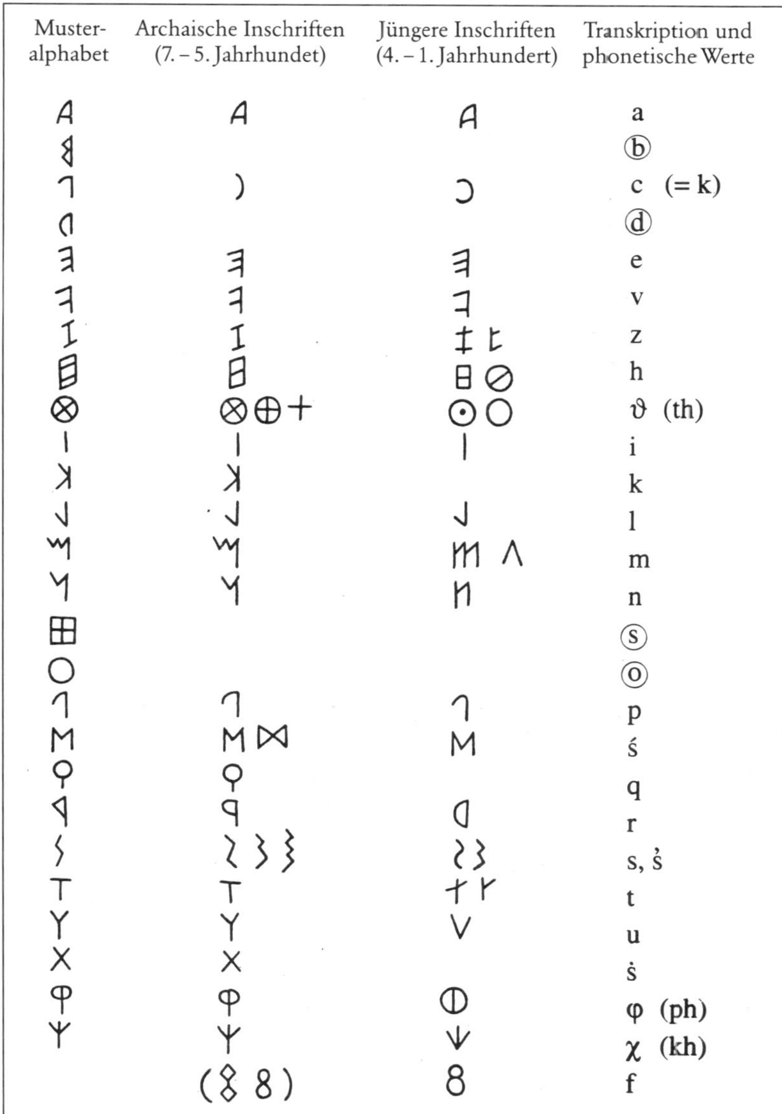
Muster-alphabet
Archaische Inschriften (7. – 5. Jahrhundet)
Jüngere Inschriften (4. – 1. Jahrhundert)
Transkription und phonetische Werte
a
ⓑ
c (= k)
ⓓ
e
v
z
h
ϑ (th)
i
k
l
m
n
ⓢ
ⓞ
p
ś
q
r
s, ṡ
t
u
ṡ
φ (ph)
χ (kh)
f

Wie in Griechenland signierten auch etruskische Töpfer und Maler ihre gelungenen Werke, um für ihre Werkstätten zu werben.

Universität Göttingen befindet. Er wurde in der Umgebung von Cività Castellana gefunden und in der Zeit um 640 – 620 v. Chr. hergestellt. Es handelt sich um eine der ältesten Signaturen in der etruskischen Kunst. Ausnahmsweise verläuft sie von links nach rechts.

MI ARATHIALE ZICHUCHE
ich bin von Ara(n)th geritzt worden

Das Gefäß spricht hier also selbst zum Betrachter, eine Form, die sich häufig im 7. und 6. Jahrhundert in Etrurien und Griechenland findet. *Mi* ist das Personalpronomen ich (*mini* stünde für mich), *zichuche* ist das Verb in der Vergangenheit im Passiv, erkennbar an der Endung *-che* (die Aktivform wäre *-ce*), *Arathiale* ist die Agentivform des männlichen Vornamens Ara(n)th. Das Verb bedeutet eigentlich „schreiben"; in diesem speziellen Fall kann aber nur die geritzte Verzierung des Gefäßes gemeint sein.

Weihinschrift

Auf dem linken Oberschenkel einer Bronzestatuette des 3. Jahrhunderts v. Chr. aus Cortona, die im dortigen Museum der Accademia Etrusca ausgestellt ist, liest man folgende Inschrift:

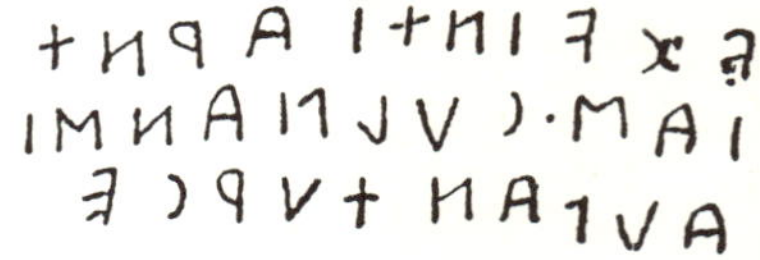

V. CVINTI. ARNTIAŚ. CULŚANŚL
ALPAN TURCE.
Vel Quintio Arntia weihte Culsans als Geschenk.

Die Wörter sind in diesem Text durch Punkte getrennt; die Form des ś (san genannt) findet sich nur in Nordetrurien. Bei dem Stifter handelt es sich um einen Vel, dessen Vorname abgekürzt angegeben ist, Sohn eines Quinti, mit dem Familiennamen Arntia, hier im Genitiv (Endung *-s*). Das Gentile, der Familienname, wurde nach dem weiblichen Vornamen Arnti gebildet, man nennt diese Form auch „Pseudogentile"; das bedeutet, daß es sich nicht um eine alte Familie handelt, sondern um „Aufsteiger", die erst vor kurzem das Bürgerrecht erhalten haben. Das Verb *turce* steht in der Vergangenheitsform (Präsens wäre *ture*).

Die Bedeutung von *alpan* ist umstritten. Dieses Wort taucht häufig in Weihinschriften auf und heißt wahrscheinlich „Gabe“, „Geschenk“. Eine andere Möglichkeit ist, daß der Ausdruck *alpan turce* der häufigen lateinischen Formel bei Weihungen *libens dedit* entspricht, d. h. in etwa „gerne geweiht“. Die Gottheit, der die Statuette geweiht ist und die sie auch darstellt, ist Culsans, hier im Genitiv (Endung *-l*), welcher im Deutschen als Dativ übersetzt werden muß. Culsans entspricht dem römischen Janus, dem doppelgesichtigen Torwächter; er hat keine griechische Entsprechung.

Der doppelgesichtige Torwächter Culsans bewachte das Stadttor von Cortona. Er hielt ursprünglich eine Lanze in der rechten Hand.

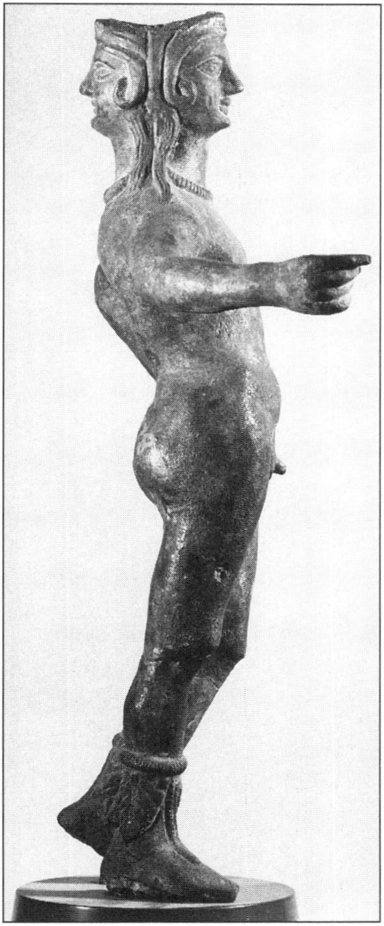

Grabinschrift

Auf der Wand eines Kammergrabes in Tarquinia befand sich eine gemalte Inschrift aus dem 2. – 1. Jahrhundert v. Chr.; heute wird sie im Museum von Tarquinia aufbewahrt. Die Wörter sind durch Doppelpunkte voneinander getrennt.

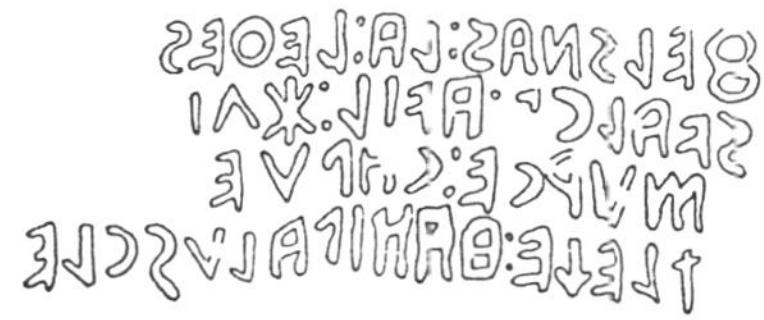

FELSNAS : LA : LETHES / SVALCE : AVIL : CVI / MURCE : CAPUE / TLECHE : HANIPALUSCLE

Larth Felsna, Sohn des Lethe, lebte 106 Jahre, hielt sich bei bei Capua auf (kämpfte?) und stand im Sold (?) des hannibalischen Heeres.

Es handelt sich mit 106 Jahren um den bislang ältesten etruskischen Verstorbenen, den wir kennen. Es sind Familienname im Genitiv, Vorname in abgekürzter Form im Nominativ und

Name des Vaters im Genitiv angegeben. Es folgt die Angabe seines unglaublich hohen Lebensalters, das durch das Verb *svalce* „er lebte“ (entspricht in lateinischen Inschriften *vixit*) und *avil* „Jahr“ und die Zahl in Buchstabenform ausgedrückt wird. Der zweite Teil der Inschrift bereitet mehr Interpretationsschwierigkeiten. Klar ist der Ortsname Capua und der Name des Hannibal (*Hanipalus* geschrieben, da es ein b im Etruskischen ja nicht gibt). Allein diese Namen zeigen das große historische Interesse dieser Inschrift, die sich demnach auf die Kämpfe der Römer gegen Hannibal bei Capua 216/215 v. Chr. bezieht. Das erste Verb *murce* steht in der 3. Person Singular der Vergangenheit und bedeutet „sich aufhalten“, „verbringen“, hier vielleicht in einer sonst nicht belegten spezielleren Bedeutung „kämpfen“. Das zweite Verb *tleche* kommt sonst im Etruskischen nicht wieder vor, steht in der 3. Person Singular Passiv und bedeutet nach neueren Überlegungen „er wurde bezahlt“. *Hanipaluscle* (Nominativ wäre *hanipalusca*) bedeutet nun nicht nur Hannibal, das wäre *hanipalus,* sondern „die zu Hannibal Gehörigen“, damit kann nur das Heer gemeint sein. So erscheint es plausibel, daß der in hohem Alter Verstorbene als italischer Söldner im Heer des Hannibal gegen die Römer kämpfte.

Martin Bentz (1993)

Fiktive Zusammenstellung etruskischer Bauteile und Inschriften von G. B. Piranesi

Einige häufige etruskische Wörter mit ihren Übersetzungen

Eigennamen
männlich: Arnth, Aule, Vel, Larce, Laris, Larth, Marce, Sethre
weiblich: Arnthi, Velia, Hasti, Larthia, Ramtha, Thana, Sethra

amce	war
avil	Jahr
ais, aiseras	Gottheit, Gottheiten
apa	Vater
ati	Mutter
ca (cen, cn)	dies
cver (cvera)	Weihgeschenk
ci	drei
clan (clen)	Sohn
zal	zwei
zichu	Schreiber
zichuce	hat geschrieben/ eingeritzt
hinthial	Seele, Schatten
thesan	Morgen
thu	eins
lautni	Freigelassener
lupu	gestorben
mi, mini	ich, mir
mul- (muluvanice)	weihen (hat geweiht)
pui, puia	Ehefrau
rumach	Römer, aus Rom (*Ruma*)
sec (sech)	Tochter
suplu	Flötenspieler
suthi, suthina	Grab, zum Grab gehörig
svalce	hat gelebt
tin-	Tag
tular	Grenze
tur-, turce	schenken, hat geschenkt
fler (flere)	Gottheit

Etruskische Götter

Das griechische Pantheon, die olympischen Götter, wurden in Etrurien zum großen Teil übernommen und fanden Eingang in die offizielle Bildkunst. Daneben gab es im Volksglauben stets viele einheimische Götter und Dämonen, von denen wir manchmal nicht mehr als die Namen kennen.

Tonmodelle wie dieses aus Vulci bieten wichtige Hinweise für die Rekonstruktion der meist nur fragmentarisch erhaltenen Tempel und Heiligtümer.

Die Namen der etruskischen Götter wurden entweder aus dem Griechischen oder Lateinischen entlehnt (z. B. Artemis – Artumes oder Minerva – Menrva) oder neu kreiert. Die nachstehende Tabelle gibt die wichtigsten Götter an.

etruskisch	griechisch	römisch
Tinia	Zeus	Jupiter
Uni	Hera	Juno
Nethuns	Poseidon	Neptun
Menrva	Athena	Minerva
Aplu	Apollon	Apollo
Artumes	Artemis	Diana
Turan	Aphrodite	Venus
Sethlans	Hephaistos	Vulcanus
Laran	Ares	Mars
Fufluns	Dionysos	Bacchus

Neben diesen Göttern gibt es italische oder rein etruskische Dämonen oder Gottheiten, über die wir weniger gut Bescheid wissen. Da ist zum einen eine große Gruppe von Todesdämonen, die in den Bildern der Unterwelt, wie dem neugefundenen „Grab der blauen Teufel", erscheinen: Der hakennasige Tuchulcha mit Schlangen in der Hand, der struppige Charun mit dem Hammer, die geflügelte Vanth, die schlangenbewehrte Culsu am Tor zur Unterwelt und weitere, deren Namen wir oft nicht einmal kennen.

Zum anderen gibt es eine Gruppe von Kultgöttern, die nie in mythologischen Darstellungen erscheinen, sondern nur Adressat der Verehrung breiter Bevölkerungsschichten, zumeist in kleinen Landheiligtümern, sind. Wir kennen sie entweder von der Bronzeleber von Piacenza, auf dem

Statuetten von Wickelkindern weihte man den Göttern, um Kinderreichtum und Gesundheit für die Kinder zu erbitten. Arezzo, Archäologisches Museum, 3. Jh. v. Chr.

das etruskische Pantheon abgebildet ist, aus Votivinschriften oder Bildern, die in den Heiligtümern geweiht wurden. Am meisten hören wir von ihnen in der Zeit des etruskischen Niederganges. Es scheint fast so, als hätten sich die Etrusker in Zeiten der Not und des Wandels auf ihre eigenen religiösen Traditionen besonnen. Es handelt sich unter anderem um Götter mit zunächst seltsam klingenden Namen wie Thufltha, Selvans, Thanr, Cel, Culsans, Mantrns, Tece Sans und andere mehr.

Am Beispiel des Selvans kann man gut den Charakter einer solchen Gottheit aufzeigen. Es gibt eine Reihe etruskischer Inschriften mit Nennung des Selvans und mehrere Statuetten, die den Gott darstellen, der mit dem römischen Silvanus verwandt ist. Durch Inschriften mit Nennung einiger Epitheta (Beinamen) des Gottes und bildliche Darstellungen lassen sich drei Funktionen und Bedeutungen des Gottes trennen. Erstens ist er Beschützer von Grenzen. Dies wird deutlich durch den Fund einer beschrifteten Statuette am Stadttor von Cortona, an dem er mit einer Lanze in der Hand als Torwächter zusammen mit dem doppelköpfigen Culsans/Janus aufgestellt war. In Zeiten der Bedrohung durch Rom und die Kelten im frühen 3. Jh. v. Chr. sollten sie die Stadt beschützen. In einer Weihinschrift wird ein *Selvans tularias* genannt, ein „Selvans der Grenzen“. Zweitens ist er mit der Unterwelt verbunden. Das etruskische Pantheon war, nach dem Zeugnis der Leber von Piacenza, in eine Himmels- und eine Erd- bzw. Unterweltseite geteilt. Selvans steht auf der chthonischen Seite,

In der linken Hand des Selvans aus Cortona ist eine Lanze zu ergänzen; auf dem Kopf trägt er eine Raubtierkappe.

d. h. bei den Erdgöttern. Bezeugt wird dies zum einen durch die Raubtierkappe, die der Selvans von Cortona, wie etwa auch der Herr der Unterwelt Hades /Aita auf den Malereien im Grab der Unterwelt, trägt, zum anderen durch einen Wolfshund, der dem *Selvans calusta*, dem „zu Calu gehörigen Selvans" in einem Heiligtum geweiht wurde. Wolfshunde gehören der Unterweltssphäre an, und Calu ist ein Unterweltsgott, der auch aus anderen Zusammenhängen bekannt ist. Drittens ist Selvans Fruchtbarkeitsgott. Er wird häufig mit einem Erntemesser in der Hand dargestellt, Symbol für eine gute Ernte. Außerdem wurden ihm Statuetten von Kindern geweiht, durch die Kinderreichtum und Gesundheit für die Kinder erbeten wurde, sowie anatomische Votive, die einzelne Körperteile darstellen; ein Brauch, der auch heute noch in christlichen Wallfahrtsorten wie Lourdes oder Altötting zu beobachten ist.

Nachgewiesen sind Selvans-Kulte vor allem in kleinen Heiligtümern außerhalb der Städte. Die Landbevölkerung brauchte anscheinend Schutz bei einem Gott, der die bestehenden Grenzen, und damit ihren Besitz, bewahren sollte und durch größere Fruchtbarkeit und Gesundheit ihren bedrohten Wohlstand sichern sollte. Insofern zeigt sich in diesem Fall recht gut auch die politische Dimension von religiösen Vorstellungen.

Martin Bentz (1993)

Eine archäologische Sonde

Die Entdeckungen bemalter Gräber in Tarquinia nahmen zwischen 1820 und 1892 um ein vielfaches zu; bald galt die Nekropole als erforscht: Doch ab 1958 entdeckte man mit Hilfe moderner Ausgrabungsmethoden neue Grabfresken.

Die Sonde wird durch die Decke in das Kammergrab gestoßen, um die vermuteten Malereien zu photographieren.

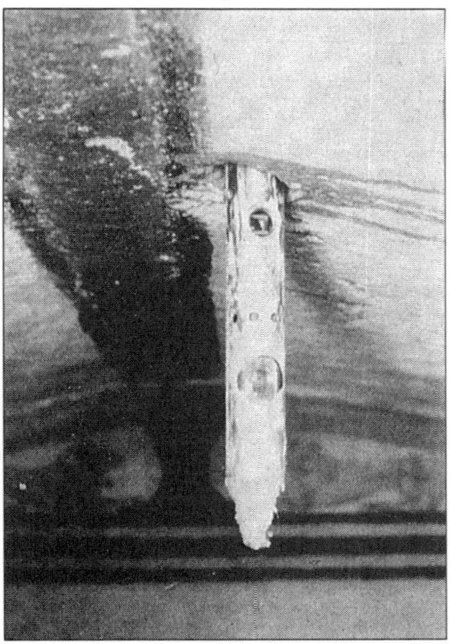

Der Archäologe Raimund Bloch beschreibt hier detailliert die Anwendung der archäologischen Sonde in Cerveteri und Tarquinia:

Hauptsächlich in Cerveteri und Tarquinia kam es durch den Einsatz neuer Ausgrabungstechniken zu spektakulären Entdeckungen zahlreicher neuer Gräber. Auf diese neueren Techniken, die mehrfach in französischen und ausländischen Zeitschriften Erwähnung fanden, muß kurz eingegangen werden. Bereits seit einigen Jahrzehnten nutzen die Archäologen ausgiebig Luftaufnahmen, die ihnen höchst bemerkenswerte Informationen liefern. In der Toskana waren die etruskischen Gräber ursprünglich über dem Boden oftmals mit kleinen künstlichen Hügeln, den *Tumuli*, bedeckt, die aus dem Aushub von Gräben, die in den Felsen oder in den Tuffstein eingetieft wurden, errichtet wurden. Witterungseinwirkungen und Menschenhand haben diese antiken Bauwerke abgetragen; doch sind während der fortschreitenden Einebnung die wesentlichen Materialien der Tumuli an Ort und Stelle geblieben und hinterlassen auf den Luftaufnahmen nun helle Flecken, unverkennbare Zeichen ehemaliger Grabbauten.

Diese Hinweise sind unendlich wertvoll, wenn auch die Flecken ziemlich groß sind. Doch helfen heute neue Techniken, die genaue Lage der auf diese Weise ausgemachten Gräber noch besser zu bestimmen. Einem Ingenieur aus Mailand, C. M. Lerici, verdankt die Archäologie die Anwendung elektrischer Prospektionsmethoden. Die Methoden werden in den zahlreichen Schriften des polytechnischen Instituts in Mailand, das von ihm gegründet wurde, sowie in seinem Buch *Prospezioni archeologiche a Tarquinia. La necropoli delle tombe dipinte* (Mailand, 1959) dargestellt. Das Prinzip ist einfach: Erde leitet elektrischen Strom, doch ihre Leitfähigkeit ändert sich, wenn in ihr Einebnungen, Mauern oder Gräber vorhanden sind. Derartige Inhomogenitäten können ohne Schwierigkeit mit Hilfe von Widerstandsmeßgeräten festgestellt werden. Unregelmäßigkeiten im Verlauf der Linien gleichen Widerstands zeigen im Gelände genau die Stellen an, wo die gesuchten Gräber verborgen liegen.

Wegen der außergewöhnlich hohen Anzahl der Entdeckungen hat Lerici ein ausgeklügeltes Verfahren erdacht, um eine Gesamtansicht vom Inneren der neuentdeckten Gräbstätten zu erhalten, noch bevor mit deren Freilegung begonnen wird. Denn es war wichtig, von vornherein zu wissen, ob sie von Grabräubern heimgesucht und ihres Inhalts beraubt worden waren, oder ob sie noch alle oder einen Teil ihrer wertvollen Grabbeigaben enthielten. Da die etruskischen Gräber die Form von Kammern haben, kam Lerici auf die Idee, vor der Ausgrabung eine Sonde, die als Nistri-Sonde bezeichnet wird, in die Grabstätte hinunterzulassen. Zu diesem Zweck setzt man in der Mitte der Grabstätte eine Bohrung von ungefähr 10 cm Durchmesser an, die durch den Erdboden und die Decke der unterirdischen Kammer geht. Die Sonde wird in den Hohlraum eingeführt und ermöglicht es, den Innenraum des Grabes von außen zu betrachten. Jetzt kann auch photographiert werden, indem man einen Metallzylinder einführt, an dessen Ende ein kleiner Photoapparat mit Blitzlicht angebracht ist, der von außen bedient wird. Durch eine gleichmäßige Rotation des Zylinders können alle Wände der Grabkammer aus mehr als zehn Perspektiven photographiert werden. Die Negative werden sofort entwickelt und liefern dem Archäologen alle wünschenswerten Angaben.

Dank systematischer Anwendung solcher Techniken konnten mehrere tausend neue Gräber in Cerveteri und Tarquinia entdeckt, photographiert und zuweilen ausgegraben werden. 98 % von ihnen waren bereits von Grabräubern heimgesucht, 60 % all ihrer Ausstattung beraubt worden. Dennoch war das im Laufe dieser Forschungsarbeiten entdeckte Material beträchtlich und manchmal von großer Seltenheit. Nachdem man in Etrurien seit mehr als 60 Jahren keine bemalten Gräber mehr entdecken konnte, kennt man nun über 20 neue Gräber mit Fresken, und einige dieser bislang unbekannten Wandmalereien sind von großer Bedeutung.

Raymond Bloch:
Le mystère étrusque (1968)

Im „Grab der blauen Teufel“

1986 wurde mit Hilfe der Sonden der Lerici-Stiftung ein neues bemaltes Grab in Tarquinia entdeckt. Die Wandmalereien mit Szenen aus der Unterwelt stellen eine Sensation dar, von der selbst in der deutschen Tagesschau berichtet wurde. Die wissenschaftliche Auswertung dauert noch an.

Hier ein Zeitungsbericht von der Ausgrabung vom 25. 5. 1986:

Das etruskische „Grab der Dämonen“, außerhalb von Tarquinia gelegen, bot den Archäologen gestern eine weitere Überraschung. Mit einer Sonde waren im noch geschlossenen Grab bereits Photos der Malereien gemacht worden, so daß keine besonderen Neuigkeiten bei Öffnung des Grabes zu vermuten waren; es kam aber anders.

In einer Ecke der rechten Wand, die die Linse der Sonde nicht erfaßt hatte, erschien das außergewöhnliche Bild eines geflügelten Dämons mit Raubvogelgesicht und schwarzer Haut, der energiegeladen mit kräftigem Schwung in das Bild hineinfliegt. Die neue Entdeckung wurde gemacht, als die Verbindungsschicht zwischen den großen Türsteinen entfernt wurde, die das Grab verschließen.

Die Archäologen berichten von dieser neuen Entdeckung, und Maria

Der Verstorbene fährt auf dem Wagen, der seinen hohen sozialen Stand symbolisiert, in die Unterwelt; vor ihm ein Tänzer, der am Grabgelage teilnimmt.

Cataldi, die für die Grabung zuständige Inspektorin beim Denkmalamt, erlaubt uns, den schmalen Gang entlang zur Schwelle des Grabes zu kriechen. Die Grabkammer ist rechteckig und etwa 5 m lang. Mit einer starken Lampe beleuchten wir einen großartigen Fries bunt gemalter Figuren, die alle Wände bedecken. Rechts fällt der Lichtstrahl auf eine hochgestellte Persönlichkeit auf einem Wagen, der von einem roten und einem schwarzen Pferd gezogen wird. Es handelt sich um den Verstorbenen, der das Diesseits verläßt und den Weg zum Jenseits antritt. Vor ihm eine Gruppe von Tänzern und Musikern, die sich dem Grabbankett nähern, das auf der anschließenden Wand dargestellt ist.

Es ist schwierig, die Details dieser Wand zu erkennen, da ein Teil zerstört ist und wir nicht näher herantreten dürfen. Die Archäologen bitten uns, nicht über die Schwelle in den Raum zu treten, da überall Keramikscherben und andere Fragmente liegen, die noch nicht aufgesammelt und ausgewertet sind.

Weiter rechts zeigt der Lichtstrahl nun Charon, den Fährmann zur Unterwelt, der sein Boot mit einem großen Ruder fortbewegt, dann eine Frau und einen Knaben vor einem blauen Teufel in kurzem Rock. Dieser Dämon ist wahrscheinlich Tuchulcha, eine wichtige Gottheit der etruskischen Unterwelt. Daneben zwei weitere Personen, ein halb kniender Mann und eine Frau in langem, gefälteltem Gewand.

Weiter rechts erscheint im Lichtstrahl der zweite blaue Teufel, der zwei Schlangen mit aufgerissenen Mäulern in den Händen hält. Seinem Blick folgend, treffen wir auf den unerwarteten geflügelten Dämon, den die Sonde nicht entdeckt hatte. Er schwebt mit ausgebreiteten Flügeln nach links; er besitzt eine Hakennase, herabhängende Mundwinkel, einen finsteren Blick und eine Wolke aus rotblonden Haaren um den Kopf. Wir schauen uns diese dynamische und ausdrucksvolle Gestalt lange an; die Archäologen drängen uns aber, damit wir mit unserer Anwesenheit das Tausende Jahre alte klimatische Gleichgewicht in der unterirdischen Kammer nicht zu sehr stören.

Eine Verstorbene wird von zwei Dämonen zum Boot des Charon geführt; rechts daneben ist ein blauer Teufel mit Schlangen in den Händen zu sehen und ganz rechts der heranfliegende blonde, hakennasigen Dämon, dessen Namen wir nicht kennen.

Wir bleiben noch ein paar Minuten und schauen auf den Boden: In einer Ecke sieht man eine rechteckige Grube, die ein Grabräuber vielleicht im letzten Jahrhundert gegraben hat, anscheinend genau an der Stelle, an der der Tote bestattet war. Unter der

„Wand der Teufel“ befinden sich zwei Haufen dunkler Objekte, vielleicht die verbrannten Überreste des Wagens des Toten, sowie herabgefallene Fragmente der Wand. Wir müssen nun durch den von den Archäologen gegrabenen Schacht wieder herausklettern; 5 m auf einer schmalen Sprossenleiter bis an die Oberfläche, an der andere warten, herabzusteigen.

„Von diesen Überresten auf dem Boden erhoffen wir uns sehr viel“, sagt Paola Pelagatti, die Leiterin des Denkmalamtes für Südetrurien. „Mit der nötigen Vorsicht können wir viele von den Wänden gefallene Teile sammeln und dann alle nur möglichen Analysen durchführen. Dies ist eine einmalige Gelegenheit: Es ist das erste Mal, daß ein bemaltes Grab wissenschaftlich geöffnet wird; so können wir Fragmente finden, die uns helfen, die Bestattung genau zu datieren. Im Moment glauben wir, daß sie in die erste Hälfte des 4. Jahrhunderts v. Chr. gehört. Wenn die Untersuchungen und die erste Restaurierungsphase vorbei sind, müssen wir entscheiden, was mit dem Grab geschieht. Es befindet sich 5 m unter dem Erdboden, genau unter einer stark befahrenen Straße; dies stellt schon ein Problem dar. Vielleicht werden wir es wieder für immer schließen müssen, wer weiß. Es ist nur ein Beispiel für das komplexe Problem der Erhaltung der etruskischen Wandmalereien. Jedes Grab leidet seit dem Moment seiner Öffnung, und nur konstante Hilfe, die allerdings viele Mittel benötigt, hat einen Sinn. Diejenigen, die diese Mittel zur Verfügung stellen müssen, haben aber anscheinend die Bedeutung dieser Kulturgüter noch nicht erkannt.

Viviano Domenici im *Corriere della sera* vom 25. 5. 1986

Architektur und Stadtplanung

Das Interesse der Forschung konzentrierte sich lange auf die Grabkunst der Etrusker. Erst durch neuere Entdeckungen gewinnt man ein klareres Bild von den Wohnstädten und der Hausarchitektur.

Im Gegensatz zu den Nekropolen, den „Totenstädten" der Etrusker, sind uns von den Wohnstädten nur dürftige Überreste überliefert. Außerdem waren Grabungen innerhalb der Nekropolen wegen der reichen Grabbeigaben immer schon lukrativer als die mühsame Rekonstruktion der Alltagskultur anhand weniger fragmentarischer Funde.

Beide Aspekte tragen dazu bei, daß man erst in jüngster Zeit detaillierte Erkenntnisse über Architektur und Stadtplanung gewonnen hat.

Die etruskische Stadtplanung mit rechtwinkligem Straßennetz zeigt sich auch in der Anlage der Totenstädte. Plan der Crocifisso del Tufo – Nekropole in Orvieto.

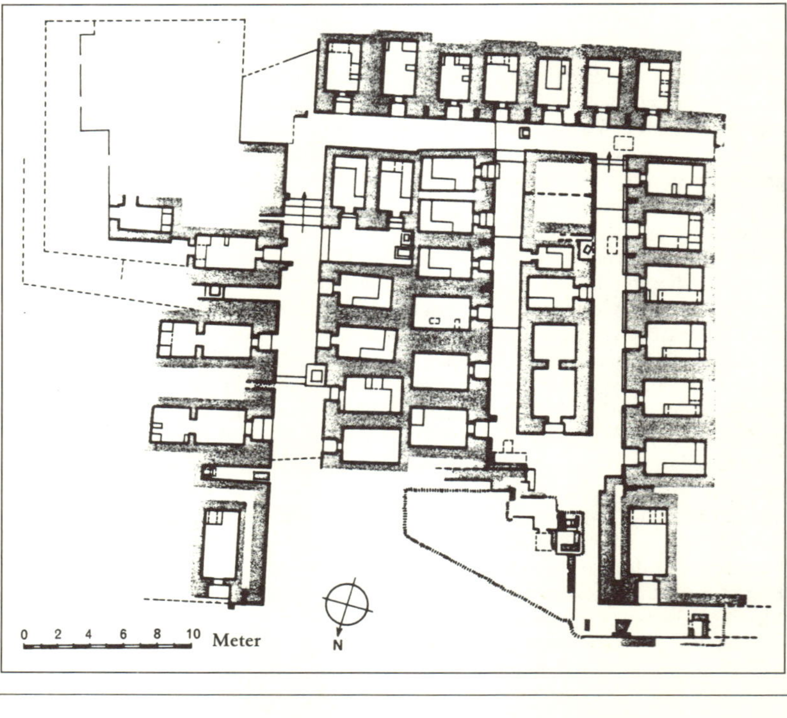

Geographische Lage der Städte

Die meist aus Siedlungen der Villanova-Zeit hervorgegangenen Städte des etruskischen Kernlandes lagen auf Bergkuppen oder Hügeln, die natürlichen Schutz boten und daher leicht zu verteidigen waren. Für die Anlage von Städten besonders geeignet war die Landschaft Südetruriens mit ihren langgezogenen, fast nach allen Seiten schroff abfallenden Hügelrücken, die nur an wenigen Stellen eine künstliche Befestigung notwendig machten.

Die besten Beispiele für solche Siedlungen sind Veji, Caere und Tarquinia. Im nördlichen Raum mit seinen anderen Landschaftsformationen lagen die Städte auf steilen Anhöhen, wie Volterra, Orvieto und Perugia. Neben den Metropolen gab es eine ganze Reihe von Kleinstädten und Dorfgemeinden, die über das Land verstreut waren. Sie verloren allmählich ihre ursprüngliche Funktion als Siedlungsgemeinschaft und wurden zu Festungen, *castella, oppida,* die der Überwachung oder Grenzverteidigung dienten.

Von den zwölf Städten im etruskischen Kernland lag einzig Populonia direkt am Meer. Es gab dort eine Unter- und eine Oberstadt, die letztere auf einem Hügel gelegen, so daß sie von Angriffen von See her geschützt war.

Die übrigen großen etruskischen Seemächte wie Caere und Tarquinia lagen in einer Entfernung von 6 – 15 km von der flachen Küste entfernt im geschützten Landesinneren und hatten ihre eigenen Häfen. Für die etruskischen Pflanzstädte im kampanisch-lukanischen Bereich und in der Poebene galten andere geografische Voraussetzungen.

Stadtplanung

Von den frühen etruskischen Städten, die an die Stelle der Dörfer der Villanova-Zeit traten, zeugen nur dürftige Reste. Wie alle allmählich gewachsenen Städte des Mittelmeerraums bestanden auch sie aus rechteckigen Häusern aus Holz, ungebrannten Lehmziegeln und Stein und besaßen enge, winklige Gassen. Beispiele dafür sind kleine ausgegrabene Areale in Veii und Acquarossa (Prov. Viterbo), ferner die archaische Siedlung auf der Akropolis von San Giovenale bei Viterbo.

In Roselle kam die bisher älteste etruskische Stadtmauer zutage. Sie wurde noch im 7. Jahrhundert aus ungebrannten Lehmziegeln über einem Steinsockel errichtet; das Vorbild waren zweifellos griechische Stadtmauern. Ob dieses Beispiel nur zufällig vereinzelt steht oder eine besondere historische Situation zum Bau jener frühen Stadtmauer von Roselle führte, läßt sich vorläufig nicht entscheiden. Die gewaltigen Befestigungsmauern der etruskischen Städte, die am besten in Populonia, Cortona, Perugia, Volterra und Tarquinia noch erhalten sind, stammen erst aus der Zeit der Kriege gegen Rom und die Gallier im 4. Jahrhundert. Erst jetzt wurde in die etruskische Stadtplanung ein Verteidigungssystem mit der Errichtung von Stadtmauern mit Türmen und Toren aufgenommen. Vorher scheint die politische Stabilität derartige Maßnahmen nicht erfordert zu haben. Für die Architektur wurde damit ein neuer Bereich erschlossen, dessen bewundernswerte Bauwerke zum Teil bis ins Mittelalter ihre Funktion behielten. Gewaltige Tore sind in Volterra (Porta all'Arco) und Perugia (Porta Marzia, Arco di Augusto) erhalten. Die Stadtmauer von Volterra ist auf einer dort gefundenen Aschenurne dargestellt. Von dem Turm einer späthellenistischen Stadtmauer gibt ein Tonmodell aus Vulci eine gute Vorstellung.

Wie beim Bau eines Tempels, so entwickelten die Etrusker auch bei der Gründung einer Stadt feste, im Kult verwurzelte Regeln, die in den *libri rituales* oder *libri Tagetici* niedergelegt waren und uns nur aus der römischen Überlieferung bekannt sind. So wurde die künftige Stadt durch eine mit dem Pflug gezogene Furche *sulcus primigenius* umschrieben und mußte ihre Straßen nach bestimmten Richtungen orientieren (*cardo* = Nordsüdachse, *decumanus* = Ostwestachse). Auch die Römer richteten sich bei der Gründung ihrer Kolonien nach diesen Regeln, dem *ritus Etruscus*. Zu jeder Stadt gehörten weitläufige Nekropolen, in deren Anlagen sich ähnliche Orientierungsprinzipien verfolgen lassen, zumindest in der Crocifisso del Tufo-Nekropole in Orvieto.

Regelmäßige Stadtanlagen nach einem System, das mit dem Namen des griechischen Architekten Hippodamos von Milet aus dem 5. vorchristlichen Jahrhundert verknüpft wird, aber schon älter ist, entstanden in Etrurien erst unter griechischem Einfluß, vermittelt durch die Städte Unteritaliens. Die Crocifisso del Tufo-Nekropole in Orvieto beweist, daß schon in der zweiten Hälfte des 6. Jahrhunderts planmäßige Anlagen entstanden sind; dort wurden zu jener Zeit von Erdhügeln bedeckte Kammergräber zu Gevierten zusammengeschlossen und durch ein gradliniges Straßensystem zugänglich gemacht. Das Beispiel der Crocifisso-Nekropole gilt als ein Markstein in der etruskischen Urbanistik und ist in ihrer Perfektion nur denkbar als Frucht einer längeren Entwicklung. Auch in der archaischen Siedlung von Veii sind zwei sich rechtwinklig schneidende Straßen festgestellt worden.

Ein regelmäßiger Stadtgrundriß konnte nur bei Neugründungen angewandt werden, da allein hier die Möglichkeit zu organisierter Planung bestand. Das bekannteste Beispiel dafür in Etrurien liefert die Pflanzstadt Marzabotto in der Nähe von Bologna. Sie lag in einer Flußebene, wo kein natürliches Hindernis einer regelmäßigen Anlage im Wege stand. Die rechteckigen Häuserblocks haben eine Länge von 165 m, ihre Breite variiert. Das Straßennetz mit den dadurch entstandenen *insulae* durchziehen Wasserleitungen und Abflußkanäle, die für den hohen Entwicklungsstand der Stadtorganisation sprechen. Der Grundriß von Marzabotto läßt sich unmittelbar mit dem griechischer Städte vergleichen und zeigt besonders deutlich die Abhängigkeit von der griechischen Art der Stadtplanung.

Ein weiteres wichtiges Zeugnis etruskischer Urbanistik stellt die an der Pomündung angelegte Stadt Spina dar, die etwas später als Marzabotto, gegen Ende des 6. Jahrhunderts, gegründet wurde. Wie das mittelalterliche Venedig war die Stadt auf Pfählen errichtet und von Kanälen durch-

In der Luftaufnahme der antiken Stadt Spina ist die Struktur der Stadt gut zu erkennen; mit 1 ist der Hafenkanal, mit 2 sind die rechtwinklig verlaufenden Stadtkanäle, mit 3 die Wohnblocks gekennzeichnet. Bei 5 handelt es sich um moderne Entwässerungsgräben.

zogen, die von Brücken oder mit Hilfe von Fähren überquert wurden.

Die etruskische Kolonie Capua in Kampanien wurde im 5. Jahrhundert nach einem regelmäßigen Plan erweitert. Auch hier sind die Etrusker dem Vorbild griechischer Stadtplanung gefolgt. Öffentliche Profanbauten wie Verwaltungsgebäude, Rathäuser, Markthallen oder Theater sind noch nicht mit Sicherheit nachgewiesen worden. Vielleicht läßt sich schon das früheste bisher bekannte Beispiel eines monumentalen Gebäudes dazu zählen; es wurde in Luni sul Mignone entdeckt und gehört noch dem 8. Jahrhundert an.

In Roselle wurden zwei große Bauten des 6. Jahrhunderts ausgegraben, ein runder und ein rechteckiger. Ob diese Anlagen öffentlichen Zwecken diente, ist ungeklärt. Ebenfalls unbestimmt bleibt die Funktion dreier monumentaler Gebäude der gleichen Zeit in Acquarossa, denen je eine Säulenhalle vorgelagert war. Vielleicht dienten sie als eine Art Herrschersitz, bei dem zwischen dem eigentlichen Wohnbereich mit mehreren Räumen und einer Repräsentationshalle zu unterscheiden ist. In diesem Zusammenhang ist auch auf Poggio Civitate bei Murlo südlich Siena zu verweisen.

Hausarchitektur

Die ovalen Hütten der Villanova-Zeit, die aus Holz, Lehm und Schilf oder Reisig errichtet waren, wurden bereits in früherem Zusammenhang erwähnt. Pfostenlöcher im Boden sind die einzigen Spuren, die bei den Ausgrabungen von ihnen zutage kamen. Eine Vorstellung von der Hausarchitektur jener Zeit vermitteln die Aschenurnen in Hausform, die zeigen, daß neben ovalen auch rechteckige Hausgrundrisse verbreitet waren.

Häuser aus archaischer Zeit sind an mehreren Orten gefunden worden, so in Veii, Roselle, Vetulonia und San Giovenale. Ein anschauliches Bild vermitteln die bei den schwedischen Grabungen auf dem Hügel von Acquarossa, 6 km nördlich von Viterbo, freigelegten Privathäuser aus der Zeit der größten Ausdehnung der Siedlung, den Jahrzehnten vom Ende des 7. bis zum 6. Jahrhundert. Die rechteckigen Gebäude sind noch nicht nach einem regelmäßigen Plan angeordnet, gelegentlich gruppieren sie sich um einen unregelmäßig gestalteten Platz. Zwei Hauptgrundrißformen lassen sich unterscheiden: die eine umfaßt zwei bis drei nebeneinanderliegende Räume, die eine Fläche von etwa 10 x 15 m bedecken; der zweite, reichere Typus besitzt einen zusätzlichen Trakt, der den aneinandergereihten Räumen vorgelagert ist und sich nach außen, vielleicht in Form einer Säulenhalle, öffnete. Die Mauern bestanden meist aus ungebrannten Lehmziegeln über einem Tuff-Fundament und waren im Sinne einer Fachwerkkonstruktion mit Holzpfropfen verkröpft.

Eine Sonderstellung innerhalb der etruskischen Hausarchitektur nimmt ein Bau ein, der unlängst in dem Poggio Civitate genannten Gelände beim heutigen Ort Murlo südlich von Siena entdeckt wurde. Mitten in Nordetrurien, an den Hängen der *Monti Metalliferi* gelegen, befand sich die Anlage, bei der es sich um eine Residenz gehandelt haben könnte, an einem Knotenpunkt von Straßen, die für den etruskischen Metallhandel von großer Wichtigkeit waren. Zu unterscheiden sind zwei Bauphasen, von denen die jüngere aufgrund der Funde um 575 datiert werden kann. Das Gebäude bestand aus einem Rechteck von 61,25 x 61,55 m Seitenlänge. Seine vier Flügel waren jeweils in mehrere Räume aufgeteilt und umschlossen einen großen Innenhof, der auf drei Seiten von Portiken eingefaßt wurde. Auf der Westseite, wo eine Säulenhalle fehlte, befand sich ein kleiner rechteckiger Bau, wahrscheinlich das Zentrum der ganzen Anlage. Der Hof war von Osten und Westen her zugänglich. Die vier Flügel und die Portiken im Innern trugen ein Dach, das mit reichem Bauschmuck aus Terrakotta verziert war.

Der Bau von Poggio Civitate bestand nur eine verhältnismäßig kurze Zeit. Schon im letzten Viertel des 6. Jahrhunderts fiel er einer vorsätzlichen Zerstörung zum Opfer und wurde dem Erdboden gleichgemacht, sein Bauschmuck in Gruben geborgen. Der Anlaß, der zur völligen Vernichtung der Anlage führte, konnte noch nicht geklärt werden; er dürfte

Grundrisse von vier Gräbern in Cerveteri

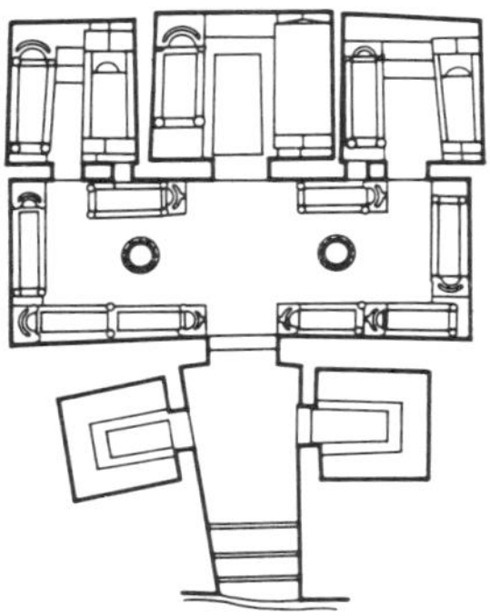

Tomba dei Capitelli
(Grab der Kapitelle)

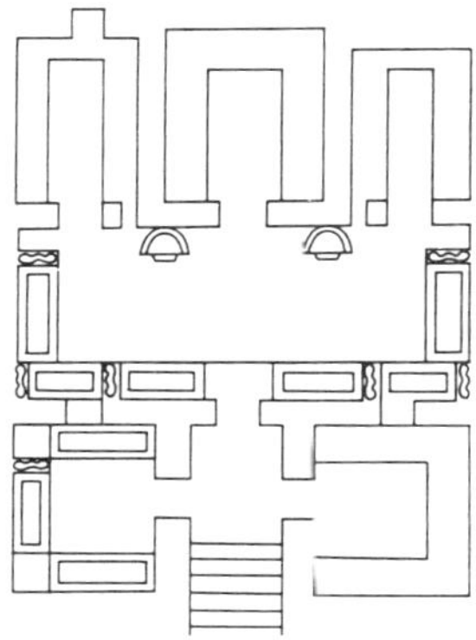

Tomba degli Scudi e delle Sedie
(Grab der Schilde und Sitze)

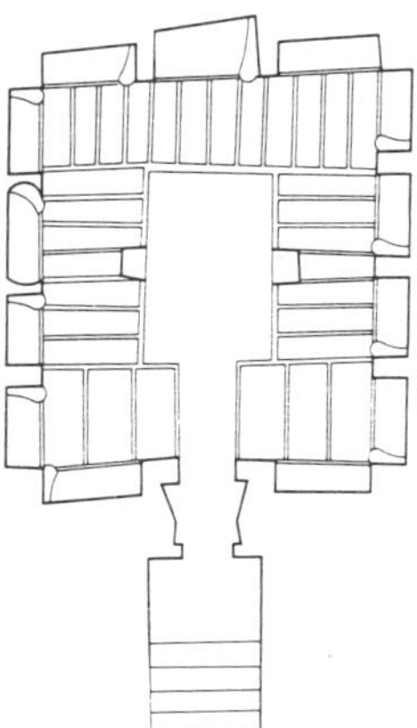

Tomba dei Rilievi
(Grab der Reliefs)

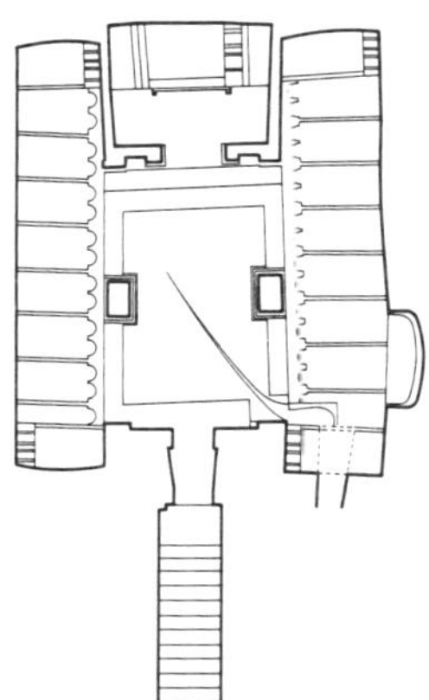

Tomba dell' Alcova
(Grab des Alkovens)

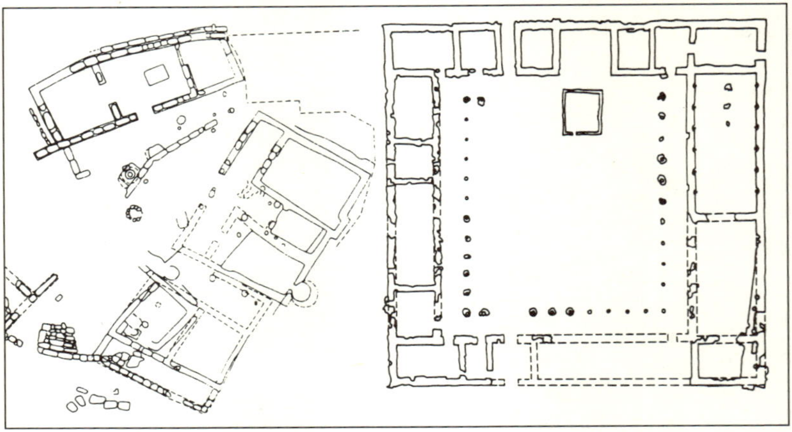

Die Ausgrabungen der archaischen Häuser von Acquarossa (links) und der Residenz von Murlo (rechts) haben unsere Kenntnis der etruskischen Wohnarchitektur erheblich bereichert.

am ehesten politischer Natur gewesen sein.

Über die großstädtischen Wohnverhältnisse der einfacheren Bevölkerung geben die Grabungen in dem am Ende des 6. Jahrhunderts gegründeten Marzabotto Aufschluß. Innerhalb der orthogonalen Häuserblocks lassen sich rechteckige Häuser ausmachen, die oft gemeinsame Trennmauern und Innenhöfe mit Brunnen besaßen. Gewöhnlich führte eine Tür direkt auf die Straße. Über die ganze Stadt verstreut lagen Läden oder Werkstätten, *tabernae,* die sich in voller Breite zur Straße hin öffneten, während der zugehörige Wohntrakt stets im hinteren Teil des Hauses lag. Unter den gerade verlaufenden Straßen waren Abflußkanäle angelegt. Die Regelmäßigkeit der Häuserblocks und die Gleichförmigkeit der Häuser müssen das Gesamtbild der Stadt bestimmt haben.

Zur Kenntnis der Stadtpaläste und Landsitze der etruskischen Adelsschicht ab etwa 600 haben die Grabungen bisher nichts beitragen können. Unseren Vorstellungen kommen Kammergräber, Aschenurnen in Hausform und schließlich die Angaben Vitruvs (De arch. VI 3) über die Häuser der Vornehmen seiner eigenen Zeit zu Hilfe. Die in Tuff gehauenen ein- und mehrräumigen Kammergräber vermögen eine Vorstellung von der Raumgestaltung jener Häuser, ihrer Gliederung durch Säulen und Pfeiler und der Dachkonstruktion zu geben, auch wenn man einschränken muß, daß diese Gräber kaum deren exakte Abbilder sind, da ja für die Anordnung von Grabkammern andere Gesichtspunkte maßgebend waren als bei der Raumgruppierung in Wohnhäusern. In den Kammergräbern werden die Konstruktion der hölzernen Giebel- oder Flachdächer, die Pfeiler, Säulen und Pilaster mit ihren tuskanischen, dorischen und korinthischen Kapitellen, selbst die Türformen und -profile getreu nachgeahmt. Von der Inneneinrichtung reicher etruskischer Häuser liefern Gräber bei Cerveteri, die Tomba dei Capitelli und die Tomba degli Scudi e delle Sedie aus dem 6. und die Tomba dei Rilievi und die Tomba dell'Alcova aus dem 4. Jahrhundert ein anschauliches Bild. Sessel, Klinen und Truhen sind ebenso sorgfältig in Stein umgesetzt wiedergegeben wie die an den Wänden aufgehängten Waffen, Gefäße, Haushalts- und Wirtschaftsgeräte.

Es ist anzunehmen, daß die vornehmeren Häuser mitunter auch mehrstöckig gewesen sind, wenn dies durch Grabungen bisher auch noch nicht nachgewiesen werden konnte. Für diese These spricht eine Aschenurne aus Chiusi in Hausform mit Giebeldach. Sie zeigt auf den Schmalseiten eine Quaderfassade mit einem mächtigen Torbogen. Darüber öffnet sich eine Loggia, die sich an den Längsseiten fortsetzt.

Bei der Beschreibung römischer Atriumhäuser spricht Vitruv von einem tuskanischen Innenhof *(cava aedium tuscanica)*. Zu diesem gehört ein Impluvium, ein rechteckiges Wasserbecken in der Mitte des Atriums, worin sich das durch eine Öffnung in dem nach innen abfallenden Dach eindringende Regenwasser sammelte. Solche Atrien mit Impluvium sind am besten von den späthellenistischen Villen in Pompeji bekannt. Ihren Ursprung scheinen sie in der etruskischen Hausarchitektur zu haben. Für Etrurien ist ein Atrium ohne Traufe durch eine Hausurne aus Chiusi aus dem 2./1. Jahrhundert gesichert, ebenso durch die Tomba della Mercareggia in Tarquinia, die dem 3. Jahrhundert angehört.

Ein weiterer Schritt in der Entwicklung der römisch-republikanischen Villenarchitektur war die Hinzufügung eines Säulenhofes. Die besten Beispiele eines solchen Peristyls liefert wiederum Pompeji. Nach dem Zeugnis Diodors (V 40) hatten aber schon die Etrusker das Atrium mit einem Peristyl verbunden, doch fehlen bisher dafür archäologische Belege.

Einen Eindruck von der letzten Entwicklungsphase der etruskischen Villen- und Palastarchitektur geben die großen Grabanlagen der Spätzeit, wie das Volumniergrab bei Perugia. Es zeigt eine Grundrißform, die aus einem Atrium mit Satteldach, einem dahinterliegenden Tablinum und seitlich angeordneten kleineren Räumen besteht. In der dekorativen Ausgestaltung der spätetruskischen Paläste herrscht hellenistischer Einfluß vor.

Maja Sprenger/Gilda Bartolini:
Die Etrusker – Kunst und Geschichte
(1977)

Etruskische Goldschmiedekunst

Seit dem 7. Jahrhundert v. Chr. wird in Etrurien Goldschmuck höchster Qualität hergestellt. Ein Teil der Herstellungstechniken wurde erst in den letzten Jahren erforscht, andere bleiben nach wie vor umstritten. Einer der erfahrensten Restauratoren etruskischen Schmucks, Edilberto Formigli, faßt den Stand der Forschung zusammen:

Körbchenohrringe sind im 7. und 6. Jh. v. Chr. beliebt. Bei diesem Exemplar sind Treibarbeit, Granulation, Golddraht und ausgeschnittene feine Goldbleche verwendet worden.

Ketten

Die etruskischen Goldkettchen bestehen meist aus einer großen Anzahl von ineinandergelegten „Schleifen". Das bedeutet, daß man – anstatt die einzelnen Glieder einer Kette so zusammenzulöten, daß ein Ring in den nächsten griff – zunächst eine gewisse Anzahl geschlossenener Einzelringe vorbereitete. Dann verbog man den ersten Ring wie in Abb. 1 b und legte einen weiteren, ebenso gebogenen Ring um diesen herum (Abb. 1 c), danach den nächsten usw. Auf diese Weise erhielt man eine Kette „Schleife in Schleife" vom einfachen Typ. Wenn statt einem zugleich zwei Ringe ineinandergelegt wurden, sprach man vom sogenannten „doppelten" Typ und so fort.

Für die Serienherstellung der zahlreichen Ringe, die für die Anfertigung einer einzigen Kette benötigt wurden (für eine gewöhnliche Doppelringhalskette brauchte man ca. 500

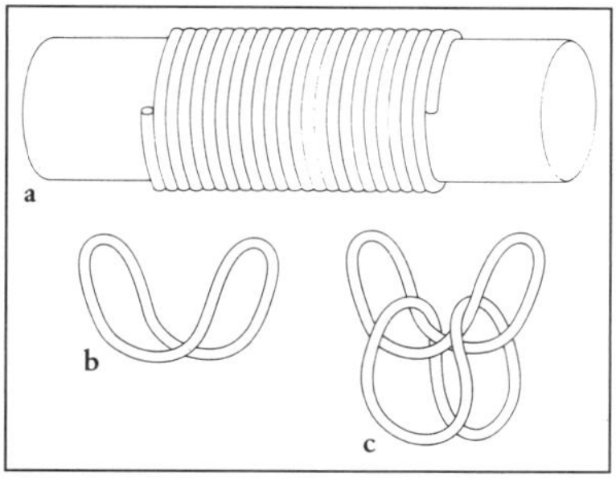

Abb. 1: Skizze der Herstellung einer Kette aus Kordeln „Schleife in Schleife" des einfachen Typus: a) Draht mit rundem Querschnitt, der auf einen Zylinder aufgerollt ist und, horizontal geschnitten, eine Reihe von einzelnen Ringen bildet; jeder dieser Ringe wird dann durch Löten geschlossen; b) erstes Element einer Kette bestehend aus einem gebogenen Ring; c) Verbindung mit einem zweiten gebogenen Ring.

Ringe), wickelte man einfach einen langen Draht um einen Rundstab und schnitt dann auf einmal eine ganze Reihe von offenen Ringen.

Die Kettenenden wurden in der Regel mit einem Zylinder aus Blech umhüllt. Ein kleiner Stift, der durch ein Loch in Kette und Zylinder geschoben wurde, sicherte die Verbindung.

Vergoldung

In der etruskischen Goldschmiedekunst stößt man sehr häufig auf vergoldete Silber- und Bronzegegenstände. Die Vergoldung geschah ausschließlich durch das Verkleiden mit Goldfolie.

Wenn ein Gegenstand vergoldet werden sollte, der aus Silberblech gefertigt wurde, wurde die Goldfolie unmittelbar auf das Ausgangsprodukt, d.h. in dem Fall auf das Silberblech aufgebracht, aus dem dann die einzelnen Teile für den Gegenstand geschnitten wurden. Das Silberblech und die Goldfolie wurden aufeinandergehämmert. Um einen besseren Zusammenhalt der beiden Metalle zu erreichen, wurde abwechselnd gehämmert und rotgeglüht. Es wurden Fälle beobachtet, wo aufgrund zu hoher Temperaturen auf der Goldoberfläche örtlich helle Stellen entstanden sind, die auf die Bildung einer Gold-Silber-Legierung zurückzuführen sind. (...) Auf gegossene Rundplastiken, wie z. B. die Fibeln mit gewundenem Bügel, konnte die Folie nicht aufgehämmert werden. In diesem Fall verwendete man eine dickere Goldfolie, die durch Umbördeln der Ränder, Einkapseln und andere mechanische Verbindungen befestigt werden konnte.

Die Technik der Feuervergoldung war bei den etruskischen Goldschmieden nicht bekannt.

Golddrähte

Dank seiner guten Formbarkeit kann Gold zu einer ganz dünnen Folie ausgehämmert werden. Wenn man aus einer Goldfolie Streifen herausschneidet (siehe *Schneiden*) und diese zwirnt, wobei man das eine Ende festhält und das andere verdreht (Abb. 2b), erhält man Drähte mit fast rundem Querschnitt. Die spiralförmige Rille, die für die auf diese Weise hergestellten Drähte kennzeichnend ist, taucht auf nahezu allen Erzeugnissen der etruskischen Goldschmiedekunst auf (Abb. 2c).

In der Werkstatt eines modernen Goldschmieds findet ein stabförmiges

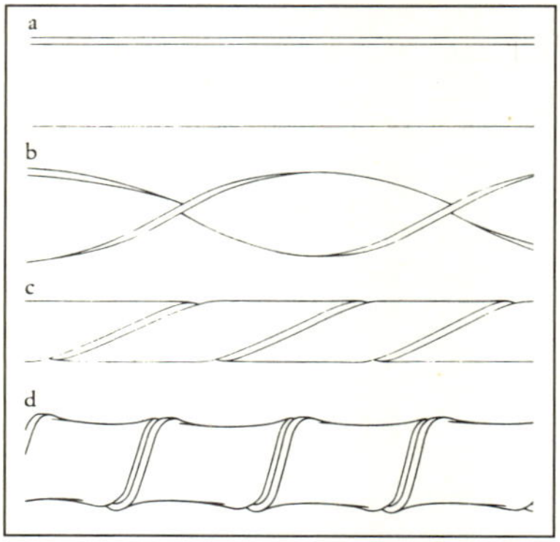

Abb. 2: Skizze, die in der Abfolge a, b, c die Herstellung eines Drahtes aus einem Blechstreifen zeigt; d zeigt die eines kordelförmigen Drahtes aus einem gedrehten Blechstreifen.

Werkzeug aus Stahl Verwendung, das als Zieheisen bezeichnet wird und eine Reihe von Öffnungen aufweist, die nach der Größe angeordnet sind. Diese Öffnungen sind keilförmig, d. h. sie verjüngen sich nach hinten. Das vordere Ende eines länglichen Barrens wird in die größte Öffnung eingeführt, mit einer Zange festgehalten und hindurchgezogen. Auf diese Weise wird aus einem ursprünglich dicken Draht, den man durch immer engere Öffnungen zieht, schließlich ein feiner Draht der gewünschten Stärke.

Die Herstellung eines Drahtes durch Verdrehung eines Metallstreifens ist die ältere Technik. Obwohl man schon zur Zeit der Etrusker die Technik des Ziehens kannte, ersetzte sie erst im Mittelalter vollständig die Torsionsmethode. Es ist fast unvorstellbar, daß diese hauchdünnen Drähte, aus denen einige etruskische Schmuckstücke gearbeitet sind, durch Verdrehung von Hand hergestellt wurden, wenn man bedenkt, daß für ein einziges Armband, wie z. B. eines aus der Sammlung, die man im Hügelgrab der Pietrera in Vetulonia gefunden hat, mindestens 30 m Draht mit einem Durchmesser von 0,2 mm benötigt wurden. Auf der anderen Seite ist es einfacher, Drähte mit weniger als 0,5 mm Durchmesser durch Verdrehen herzustellen als durch Ziehen. Denn wenn der Draht durch immer kleinere Öffnungen des Zieheisens gezogen wird, wird er leicht spröde und bricht oft schon beim kleinsten Ruck. Der Draht muß also erneut geglüht werden, wobei jedesmal ein Strang entsteht. Aber da bei diesem Vorgang ein Teil des Drahtes leicht schmelzen kann, ist die Arbeit oft unrettbar zerstört.

Golddrähte wurden zur Verzierung von Ohrringen, Ringen, Haarspangen, Armbändern, Haarnadeln usw. verwendet. Die Kettchen der Halsbänder wurden in der Regel aus gedrehten Drähten gearbeitet (siehe „Ketten"). Bei den Filigranarbeiten lötete man Drähte unterschiedlicher Stärke auf einen Blechuntergrund, um eine Durchbrechung und lebendigere Gestaltung der glatten Oberfläche zu erzielen. Oder aber die Drähte wurden auch mit einer komplizierteren Technik, die kennzeichnend für die etruskische Goldschmiedekunst der orientalisierenden Phase war, „à jour" angebracht, so daß sie unter Beschreibung von Schlangenlinien und verschiedenartigen Mäandern die Leerräume zwischen den Blechbestandteilen ausfüllten.

Manchmal dienten Goldfäden dazu, die Flächen anderer Materialien, wie z. B. Silber oder Bronze, zu bedecken. In der etruskischen Goldschmiedekunst findet man äußerst selten Kunstgegenstände aus Massivgold. Fast immer verarbeitete man Bleche oder stellte Träger aus weniger kostspieligen Materialien wie eben Silber oder Bronze her. (...)

In der Goldschmiedekunst der hellenistischen Phase findet man Zierdrähte, die aus lauter kleinen aufgereihten perlenförmigen oder kordelähnlichen Elementen zu bestehen scheinen. Kordelförmige Drähte kann man auch herstellen, indem man einen zu einem runden Draht tordierten Metallstreifen noch weiter verdreht. Die Kanten des Metallstreifens treten hervor, während sich die Innenseite nach innen wölbt.

Gießen

Für die Herstellung von gegossenen Goldgegenständen nutzte man entweder das Schalenguß- oder das Wachsausschmelzverfahren. Beim ersten Verfahren, das für Rundplastiken angewendet wird, besteht die Gußform aus zwei oder mehr Schalen, die die negative Form sowie die Angußkanäle für das flüssige Metall und die Kanäle für die entweichende Luft enthalten. Die Schalen müssen so zusammengesetzt werden, daß die Ränder der hohlen Figur genau übereinanderliegen. Zu diesem Zweck verwendet man Reliefreprisen oder Metallstäbe, die quer duch den Schalenkörper verlaufen. Die Form kann auch aus einer hohlen und einer flachen Schale bestehen. In diesem Fall erhält man Halbreliefs mit flacher Unterseite und sauberen Kanten, die manchmal scharfe Grate aufweisen. Dasselbe Ergebnis erzielt

Fibel aus Vulci. 520–500 v. Chr. München, Staatliche Antikensammlungen. Die Sphingen bestehen aus zwei zusammengesetzten Goldblechschalen, die mit einem Stempel ausgestanzt wurden. Der Draht, der als Schwanz dient, ist die Fortsetzung eines inneren Stützgerüstes aus Draht.

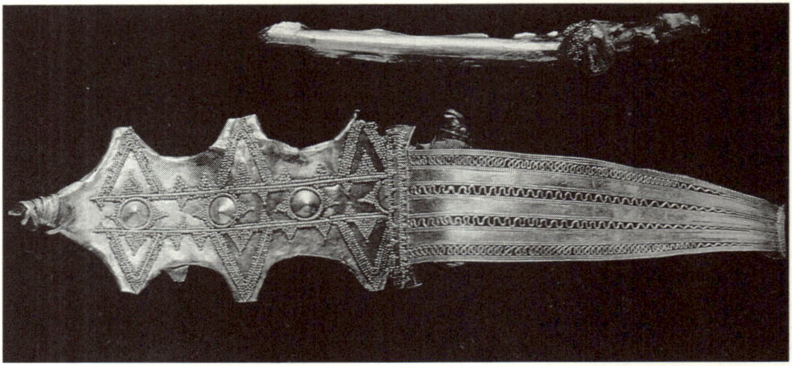

Drachenfibel aus Marsiliana d'Albegna. 675 – 650 v. Chr. Florenz, Archäologisches Museum. Hier wird die Granulationstechnik für die Verzierung mit geometrischen Motiven verwendet. Feiner Golddraht wird in Schlangenlinien zur Füllung der Räume zwischen den Goldblechstreifen benutzt.

man, wenn man das flüssige Gold in eine waagrecht liegende Schalenhälfte gießt. Bei diesem Gußverfahren entfallen selbstverständlich die Kanäle. Aufgrund der Oberflächenspannung des geschmolzenen Goldes entstehen abgerundete Kanten.

Das von den Etruskern am häufigsten angewandte Gußverfahren war das Wachsausschmelzverfahren. Ein Wachsmodell mit kleinen Kanälen, die ebenfalls aus Wachs sind (für das einzugießende Gold und die entweichende Luft), wird von einem Außenmantel aus Erde oder Gips umschlossen. Nach dem Trocknen dieses Mantels wird die gesamte Form erhitzt. Das dabei schmelzende Wachs hinterläßt einen Hohlraum, der mit flüssigem Gold aus dem Schmelztiegel durch die Angußkanäle gefüllt wird, während die Luft in der Form durch die Luftkanäle entweicht. Die Schalengußformen besaßen den Vorteil, daß sie beliebig oft wiederverwendet werden konnten – so lange, bis sich die Feinheiten der Details schließlich so stark verloren hatten, daß die Form unbrauchbar wurde. In den Schalengesenken kann man jedoch nur Formen ohne Hinterschneidungen gießen. Umgekehrt verhält es sich beim Wachsausschmelzverfahren, bei dem Hinterschneidungen keine Probleme aufwerfen, mit dem aber nur ein Gußstück angefertigt werden kann, da das Wachsmodell dabei zerstört wird.

Granulation

Beim Granulieren werden winzige Kügelchen nach einem vorher angefertigten Entwurf auf einen Blechuntergrund gelötet. Für Granulierarbeiten verwendete man bevorzugt Gold; seltener ist die Granulierung mit Silber. Die Körner können so aufgehäuft werden, daß sie ganze Flächen bedecken, oder zu geraden oder gewundenen Linien aufgereiht werden. In der etruskischen Goldschmiedekunst sind die Körner oft zu geometrischen Ornamenten (wie z. B. Mäander, Dreiecke, Kreise) oder einzeln in Reihen angeordnet, die die getriebenen Reliefdetails unterstreichen sollen. (...)

Die Technik der Granulation ist sehr alt. Man findet sie schon in der orientalischen, der altägyptischen und mykenischen Goldschmiedekunst des 2. Jahrtausends v. Chr. In dieser Epoche sind die Körner jedoch in der Regel größer und weniger zahlreich als in der orientalisierenden Phase. (...)

In Etrurien weisen die Körner jedoch einen kleineren Durchmesser auf. Für die sogenannte „Staubgranulation" verwendete man Kügelchen, die einzeln praktisch unsichtbar sind (Durchmesser ca. 0,01 cm), während die häufiger verwendete Kugelgröße etwas darüber lag (ca. 0,03 cm). Die Zahl der verarbeiteten Körner ist manchmal immens. Auf den pränestinischen

Anhänger aus Vulci. 650 v. Chr. München, Staatliche Antikensammlungen. Der Ring des Anhängers besteht aus vergoldetem Silber; die figürlichen Darstellungen sind mit Hilfe der Granulation gebildet; der Draht der Spiralen wird nach innen hin immer feiner.

Kelch des Victoria and Albert Museums wurden beispielsweise nicht weniger als 137000 Kügelchen gelötet. Folgendes Verfahren zur Herstellung der Körner wurde in der Antike mit größter Wahrscheinlichkeit angewendet. Ein dünnes Blech wird in viele kleine, gleich große Quadrate geschnitten, die zusammen mit Kohlenstaub in einen Schmelztiegel gefüllt werden, so daß sie sich gegenseitig nicht berühren. Der Tiegel wird mit einem Deckel geschlossen und bis zum Schmelzpunkt der Goldteilchen erhitzt, so daß diese im Kohlenstaub einzelne Kugeln bilden. Anschließend wäscht man den Inhalt des Tiegels und filtert die vollkommen gleichgroßen Kügelchen heraus. Über die antike Technik des Auflötens der Körner auf das Blech wurden verschiedene Hypothesen aufgestellt. (...)

Jüngste Untersuchungen mit einer elektronischen Mikrosonde haben ergeben, daß die Verwendung von Kupfersalzen und organischen Klebstoffen tatsächlich bei den etruskischen Goldschmieden nicht nur für Granulierarbeiten, sondern auch für Filigranarbeiten allgemein üblich war. Bei diesem Verfahren wird über die zu lötenden Stellen mit tierischen oder pflanzlichen Klebstoffen vermischter Kupfersalzstaub verteilt. Durch die Erhitzung verbrennt der Klebstoff und erzeugt eine Reduktionszone, in der das Kupfersalz zu Kupfermetall reduziert wird und mit dem Gold eine Verbindung eingeht, wodurch dessen Schmelzpunkt herabgesetzt wird. Auf diese Weise bildet sich ein flüssiger Film, der die Hauptaufsätze in den Berührungspunkten zwischen Kügelchen und Blech auffüllt. Die bei etruskischen Fundstücken aus dem 7. Jahrhundert vor Christus mit der elektronischen Mikrosonde durchgeführten Untersuchungen haben gezeigt, daß die Goldlegierung in den Kontaktstellen weitaus mehr Kupfer enthält als die Legierung im Innern der Kügelchen und des Bleches, während der Silbergehalt im Verhältnis konstant bleibt.

Gravieren

Ritzwerkzeuge wie Grabstichel oder Ziseliermeißel wurden in der etruskischen Goldschmiedekunst nicht verwendet. (...)

Statt dessen wurden mit einem einfachen, vorne angespitzten und durch Hämmern gehärteten Stäbchen aus Eisen oder Bronze, das wie ein Stift in der Hand gehalten wird, Ritzzeichnungen in die Blechoberflächen graviert. Diese Technik fand schon in der Eisenzeit bei Fibeln mit Bronzeplatten Anwendung. Wenn das Blech dünn genug war und auf eine weiche Unterlage gelegt wurde, konnte man durch die Bearbeitung der Vorder- oder Rückseite einen leichten Reliefeffekt erzielen. Diese Technik ist nicht mit der Profilsticheltechnik zu verwechseln, bei der das Werkzeug mit dem Hammer getrieben wird und sich auf dem Metall wie ein Schiffskiel vorwärts bewegt. Der Profilstichel (oder auch Anreißer) verdrängt die Metallmasse zur Seite und wirft zwei Ränder auf, ohne dabei Späne zu erzeugen.

Stanzen (Prägen)

Wenn eine Relieffigur auf einem Blech mehrmals erscheinen sollte, wurde sie nicht freihändig getrieben und zise-

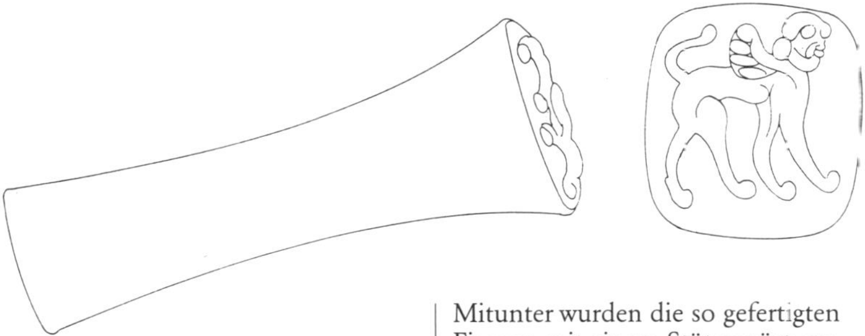

Abb. 3: Rekonstruierte Skizze des Stempels, mit dem vermutlich die Figuren der Fibel von Vetulonia gestanzt wurden.

liert, sondern mit eigens dafür angefertigten Bronzestempeln eingestanzt oder auch in bzw. auf eine Form gepreßt. Während man mit Hilfe des Ziseliermeißels bei der Treibarbeit auch Figuren mit Hinterschneidungen anfertigen konnte, war dies beim Stanzen nicht möglich.

Im figürlichen Repertoire der orientalisierenden etruskischen Phase findet man häufig Tier- oder Kopfreihen. Wenn das Blech dick genug war, stanzte man die zu reproduzierenden Motive üblicherweise mit einem Stempel, der die Figur in Reliefform beinhaltete, in die Rückseite des Bleches. Als Unterlage verwendete man ein weiches, aber nicht zu nachgiebiges Material (Blei, Pech, Holz, usw.). (...)

Hohle Rundplastikfigürchen dienen sehr häufig als Verzierung von Fibeln, Spangen usw. Diese bestehen aus zwei symmetrischen Hälften, die zunächst mit zwei gegengleichen Stempeln in ein Blech gestanzt und anschließend zusammengelötet wurden. Mitunter wurden die so gefertigten Figuren mit einem Stützgerüst aus Metalldraht versehen. Wenn man diesen Draht aus der Figur herausstehen ließ, konnte er auch für die Beine, Schwänze usw. der kleinen Tiere verwendet werden. Mit derselben Methode konnten auch kleine kugel- oder ringförmige Elemente hergestellt werden. Da hier die beiden Schalenhälften identisch waren, benötigte man nur einen Stempel.

Ein alternatives Verfahren zur Stempelstanztechnik bestand darin, das Blech auf oder in eine Form zu pressen. Für diese Technik muß ein sehr dünnes und gut hämmerbares Blech verwendet werden. Selbstverständlich darf auch hier das Modell keine Hinterschneidungen aufweisen. Das Blech wird mit Werkzeugen aus Holz bzw. Metall oder auch mit weichen Materialien, wie Wachs, Pech oder Blei, in die negative Form oder auf ein positives Modell gepreßt. Oft bilden sich dabei auf dem Blech – insbesondere an den Rändern – Wellen und Falten.

Fälschungen

Nicht nur durch stilistische und typologische Untersuchungen, sondern auch durch die Betrachtung der

Bearbeitungsspuren unter dem Mikroskop und mit Hilfe von chemischen und metallographischen Analysen können nützliche Hinweise bei der Erkennung von Fälschungen antiker Goldschmiedekunst gewonnen werden.

Die Werkzeuge, die bei der Herstellung metallischer Gegenstände verwendet werden, hinterlassen charakteristische Spuren, die oft schon bei der bloßen Betrachtung unter dem Mikroskop erkennbar sind. Natürlich muß man berücksichtigen, daß die Spuren der ersten Arbeitsgänge, z. B. die Spuren, die beim Schlagen eines Bleches entstehen, von den darauffolgenden Arbeitsgängen verwischt werden. Daneben können neuere Spuren, die auf eine Restaurierung oder Neubearbeitung zurückzuführen sind, die antiken Spuren überdecken. Bei einigen Fälschungen wurde das Objekt durch Elektrolyse mit einer Goldschicht überzogen, um zu verhindern, daß die Spuren einer neuen Verarbeitung zu erkennen sind. In jüngster Zeit ist in der Fachliteratur viel über die Verwendung des Zieheisens in der Antike diskutiert worden. Das Zieheisen – oder auch Ziehbank genannt – besteht aus einem Metallstab, der mit einer Reihe von konischen Öffnungen versehen ist, die nach der Größe ihres Durchmessers hintereinander angeordnet sind. Durch diese Öffnungen wird ein schmaler Barren gezogen, und zwar angefangen bei der größten Öffnung bis hin zur kleinsten Öffnung, bis man einen Draht der gewünschten Stärke erhält. Einige Autoren sind der Ansicht, daß die Tiefe der auf den Drähten eines Schmuckstückes in Längsrichtung parallel verlaufenden Rillen ein Beweis für eine Fälschung darstellt, da diese Rillen auf den Gebrauch eines Zieheisens hinweisen, ein Werkzeug also, das in der Antike, mindestens bis ins Hochmittelalter, nicht bekannt war. Andere räumen jedoch ein, daß es dieses Werkzeug schon in der Antike gegeben hat – wenn auch nur für die Herstellung dicker Drähte.

Auch die Frage, ob Zylinderwalzwerke eingesetzt wurden, ist umstritten. Für das Schneiden von Blechen und Drähten verwendete man keine Scheren oder Schneidezangen, sondern scharf geschmiedete Meißel/Stemmeisen oder Klingen für dünne Folien. Um Löcher in das Gold zu stanzen, verwendete man keine Bohrer, obgleich dieses Werkzeug damals schon weit verbreitet war, sondern Nägel und Metallspitzen, die ebenfalls mit dem Hammer geschmiedet waren.

Abgesehen von den anderen Techniken und Werkzeugen erkennt man die modernen Imitationen auch an ihrem Hang zu technischer Perfektion und Stilisierung der Ornamente. Es fehlten jene charakteristische „Halbperfektion" und Naivität, die kennzeichnend sind für die etruskische Goldschmiedekunst der orientalisierenden Phase. Bei eingehender Betrachtung der Originale heben sich oft diejenigen ab, die wir für mißglückte Arbeiten halten würden: unregelmäßig geschnittene Blechkanten, mißlungene Lötverbindungen, ungleichmäßig dicke Drähte, an der falschen Stelle aufgelötete Granulationskörner usw. Aber gerade hierin liegt das Geheimnis der Schwierigkeit, antike Originale zu imitieren. Der etruskische Goldschmied ist sich all dessen sicherlich bewußt, aber er kümmert

Die Velia aus dem Grab der Unterwelt I in Tarquinia trägt typischen Goldschmuck des 4. Jhs. v. Chr.: einen Lorbeerkranz, traubenförmige Ohrgehänge und zwei Halsketten aus verschieden geformten Elementen.

sich nicht darum, weil er weiß, daß nur der Gesamteindruck zählt. Für ihn ist es unerheblich, wenn auf einem Armband nicht alle Verbindungspunkte perfekt gelötet sind oder wenn die Drähte ungleichmäßig dick sind.

Edilberto Formigli:
Appendice Tecnica.
(1983)

Der etruskische Mythos in Literatur und Kunst

Die Etrusker haben Spuren in Literatur und Kunst seit der Renaissance hinterlassen. Vom Reisebericht des Bildungsreisenden bis hin zum Comic strip, von moderner Kunst bis zum Gebrauchsgeschirr erstreckt sich die Bandbreite der Etruskerrezeption.

Detail aus den Zeichnungen der Malereien des François-Grabes aus Vulci, die von N. Ortis für Noël des Vergers angefertigt wurden

Etrurien ist verstärkt seit dem 18. Jahrhundert Thema und Reiseziel von Literaten, zumeist aus Frankreich und England. Die Ergebnisse der Berührung mit dem kulturellen Nachlaß der Etrusker schlagen sich vorwiegend in Reiseberichten nieder, weniger in poetischen Werken. Bis in das 20. Jahrhundert hinein sind es vor allem drei Aspekte, die die Schriftsteller inspirieren. Es ist entweder das „geheimnisvolle" an den Etruskern oder deren „Lebensfreude", die sich unter anderem in den Tänzern und Banketten der Grabmalereien abzeichnen soll, oder es sind die magischen, düsteren Elemente der Unterwelt und des Todes.

Noël des Vergers: Romantische Grabstätten

In Berichten des französischen Gelehrten Adolphe Noël des Vergers ist es die fast wissenschaftliche Entdeckerlust, die 1857 bei der Öffnung des François-Grabes in Vulci aus seinen Worten spricht.

Als ich über die Ursprünge Etruriens sprach, habe ich bereits einiges über

Gräberstraße in der Crocifisso del Tufo-Nekropole in Orvieto

die Wandmalereien gesagt, die Alessandro François und ich in einer Krypta der reich gefüllten Nekropole von Vulci entdeckt haben. An anderer Stelle habe ich auch beschrieben, wie beeindruckt wir von dem Anblick waren, der sich uns bot, als der Stein, der den Eingang der Krypta verschloß, beim letzten Schlag der Hacke nachgab und das Licht unserer Fackeln jetzt die Gewölbe anstrahlte, deren Dunkelheit oder deren Ruhe seit mehr als zwanzig Jahrhunderten von nichts mehr durchbrochen worden war. Alles war dort noch in demselben Zustand wie an jenem Tage, an dem der Eingang zugemauert worden war. Das antike Etrurien offenbarte sich uns wie zu seiner Glanzzeit. Auf ihren Totenbetten schienen sich Krieger in ihren Rüstungen von den Kämpfen auszuruhen, die sie den Römern oder unseren Vorfahren, den Galliern, geliefert hatten. Formen, Kleider, Stoffe und Farben waren während einiger Minuten sichtbar, dann schwand alles dahin, als die Außenluft in die Krypta drang und unsere flackernden Lichter zunächst beinahe ausgingen. Es war ein Einblick in die Vergangenheit, der nicht einmal so lange dauerte wie ein Traum und der sich uns entzog, als ob er uns für unsere dreiste Neugier bestrafen wollte.

Während diese empfindlichen Überreste durch den Kontakt mit der Luft in Staub zerfielen, wurde allmählich sichtbar, was uns umgab. Wir sahen uns sodann von einem weiteren Kriegervolk umgeben, das die Künstler Etruriens geschaffen hatten. Wandmalereien schmückten die Krypta ringsum und schienen im Widerschein unserer Fackeln lebendig zu werden. Bald zogen sie meine ganze Aufmerksamkeit auf sich, denn ich hielt sie für den „schönsten" Teil unserer Entdeckung. Zwei einander gegenüberliegende Türen, die Eingangstür und die Tür am Ende des Raumes, teilten die Grabhalle in zwei gleiche Teile. Die Wandmalereien auf der einen Seite bezogen sich auf griechische Mythen; und die in etruskischen Buchstaben geschriebenen griechischen Namen ließen in diesem Falle keinen Zweifel über das Thema: Die Dichtungen Homers hatten es inspiriert. Vor den Augen hatte ich eines der blutigsten Dramen der *Ilias:* Achilles bringt trojanische Gefangene auf dem Grab des Patroklos als Opfer dar. (…) Das Fresko, welches das Gegenstück dazu bildete, enthielt nichts Griechisches. Deutlich wurde in den Aktstudien, der Formgebung der Muskeln und überhaupt in der Gestaltung der von starken Leidenschaften bewegten Körper sowie der Geschicklichkeit, mit der die Lichteffekte, die Schatten und die Halbschattierungen wiedergegeben sind, daß es sich um weiterentwickelte Kunst handelt. Offenbar war der Sport ein nationales Thema: Die ausschließlich etruskische Form der Namen, die über jeder Figur eingeschrieben waren, zeigten dies zur Genüge. Zunächst glaubte ich beim Anblick unbewaffneter Männer, denen von anderen, mit Schwertern bewaffneten Männern die Kehle durchgeschnitten wurde, eines dieser blutigen Opfer zu erkennen, für die Etrurien nur allzu recht von den antiken Quellen getadelt wurde und bei denen die Lukumonen die Gefangenen, die im Kampf gemacht worden waren, mit infernalischer Grausamkeit niedermetzelten.

Reisende des 19. Jh.s haben Zeichnungen der Wandmalereien von Tarquinia angefertigt, die auch für die heutigen Forscher noch von Bedeutung sind. Ein Stich von J. Byres aus dem Jahr 1842 zeigt das heute zerstörte Grab der Ceisinie.

Adolphe Noël des Vergers:
L'Etrurie et les Etrusques ou dix ans de fouilles dans les maremmes toscanes
(1862 – 1864)

<u>Stendhal: Reise in Italien</u>

Stendhal, der von 1814 bis 1821 in Mailand lebte und in dieser Zeit viele Reisen nach Italien unternahm, besuchte ebenfalls zahlreiche etruskische Stätten, die ihn außerordentlich faszinierten. Über den Untergang der „glücklichen" Etrusker durch die „kulturlosen" Römer schreibt er sehr parteiisch:

Mein junger Geistlicher zeigte mir bei schönstem Mondenschein die fernen Trümmer mehrerer altetruskischer Städte, die stets auf der Spitze von Anhöhen erbaut waren. Ein heißer Wind weht; friedliche Eindrücke in dieser schönen Nacht. Um 2 Uhr morgens fahren wir weiter. Ich fühle eine Empörung gegen die Römer, die ohne anderes Recht als ihren wilden Mut die etruskischen Republiken zerstörten, die ihnen in Dingen der Kunst, glücklich zu sein, so weit überlegen waren ... Das ist, als ob zwanzig Kosakenregimenter die Boulevards plünderten und Paris zerstörten; das wäre noch für *die* Menschen ein Unglück, die in tausend Jahren geboren werden; das Menschengeschlecht und die Kunst, glücklich zu sein, hätten einen Schritt rückwärts getan.

Stendhal: *Reise in Italien* (1911)

D. H. Lawrence: Etruskische Stätten

Der englische Schriftsteller D. H. Lawrence besichtigte während seiner Reise ins Land der Etrusker im Frühjahr 1927 neben Tarquina, Vulci und Volterra auch die Grabstätten von Cerveteri. Auch er ist von dieser Kultur und der sich darin abzeichnenden Mentalität der Etrusker begeistert.

Eine sonderbare Stille und eine seltsam friedliche Ruhe geht von den etruskischen Orten aus, die sich von der unheimlichen Stimmung keltischer Grabstätten unterscheidet und von dem leichten Widerwillen, den Rom und die alte Campagna hervorrufen, dem Gefühl des Entsetzens, das einen auf den großen Pyramidenplätzen in Mexiko, Teotihuacan, Cholula und in Mitla im Süden überkommt; oder den liebenswürdig götzenhaften Buddha-Kultstätten in Ceylon. Eine sanfte Stille umgibt diese großen Grashügel mit ihren uralten Steinumfassungen, und auf dem Mittelweg ist noch so etwas wie ein schlichtes Glücksgefühl zurückgeblieben. Gewiß war es ein ruhiger und sonniger Aprilnachmittag, und aus dem zarten Grase auf den Gräbern stiegen Lerchen auf. Aber etwas Stilles und Lindes erfüllte die ganze Luft an diesem versunkenen Orte, und man hatte das Gefühl, daß es der Seele guttat, hier zu sein.

Es blieb so, als wir die wenigen Stufen hinunterstiegen und die Grabkammern im Innern des *Tumulus* betraten. Es ist nichts darin zurückgeblieben. Sie sind wie ein Haus, das reingefegt wurde: die alten Bewohner sind ausgezogen; nun wartet es auf die nächsten. Aber wer es auch war,

Das Volumniergrab bei Perugia in einer Zeichnung des Engländers J. Ainsley aus dem Jahr 1848

der fortging: er hat ein angenehmes Gefühl zurückgelassen, das das Herz erwärmt und den Eingeweiden wohltut.

Sie sind überraschend geräumig und ansehnlich, diese Wohnungen der Toten. Aus dem lebendigen Fels gehauen, gleichen sie Häusern. Auf dem Dach ist ein Balken ausgemeißelt, der den Dachbalken des Hauses imitieren soll. Es ist ein Haus, ein Heim.

Tritt man ein, gelangt man in zwei kleine Kammern, eine zur Rechten, die andere zur Linken: die Vorräume. Es heißt, hier sei die Asche der Sklaven in Urnen auf den großen Felsenbänken bewahrt worden. Denn vermutlich wurden die Sklaven immer verbrannt. Hingegen wurden die Herren in Cerveteri in Lebensgröße aufgebahrt, zuweilen in den großen steinernen Sarkophagen, zuweilen in großen Särgen aus Terrakotta, mit allen Zeichen ihrer Würde. Doch meistens wurden sie nur auf das breite Felsenbett gelegt, das um das Grab herumläuft und jetzt leer ist: friedlich auf eine offene Bahre gelegt, nicht in Sarkophage eingeschlossen, ruhend, als ob sie noch lebten.

Die mittlere Kammer ist recht groß; ein mächtiger viereckiger Felsenpfeiler blieb in der Mitte zurück, der offenbar das solide Dach trug, so wie ein Firstbalken ein Hausdach abstützt. Und rings um die Kammer läuft das breite Felsenbett, zuweilen in doppeltem Rang, auf das man, in ihren Särgen oder offen auf ornamentierten hölzernen und steinernen Bahren, die Toten legte: einen Mann in glitzernder goldener Rüstung oder eine Frau in weißen und purpurnen Gewändern, mit großen Kolliers um den Hals und Ringen an den Händen. Hier lag die Familie, lagen die großen Häuptlinge und ihre Frauen, die *Lucumones* und ihre Söhne und Töchter, viele in einem Grab.

Auf der anderen Seite ist wieder ein recht schmaler Sarg in den Fels gehauen: er verengt sich nach oben, wie in Ägypten. Auch anderes erinnert an Ägypten: aber im ganzen ist hier alles einfach, schlicht, für gewöhnlich ohne Ornamente, und mit jenen ungezwungenen, natürlichen Proportionen, deren Schönheit man kaum gewahr wird; so selbstverständlich, naturhaft entstehen sie. Es äußert sich darin jene Schönheit der Proportion, wie sie dem phallischen Bewußtsein eigen ist, im Gegensatz zu der durchdachteren oder ekstatischeren Proportion des zerebralen und geistigen Bewußtseins, an das wir gewohnt sind.

Durch den inneren Torweg gelangt man zur letzten Kammer, einem kleinen und dunklen Raum, dem wichtigsten der ganzen Anlage. Gegenüber der Tür befindet sich das steinerne Bett, auf das vermutlich der *Lucumo* und die geweihten Schätze des Toten gelegt wurden: das kleine bronzene Todesschiff, das ihn in die andere Welt hinübertragen sollte, die Gefäße mit den Edelsteinen, die ihm zum Schmuck dienten, Gefäße für kleine Gerichte, die kleinen Bronzestatuetten und Werkzeuge, die Waffen, die Rüstung: das ganze Reisegepäck des prominenten Toten.

Oder zuweilen lag auch die Frau in der inneren Kammer: die große Dame, in all ihren Gewändern, mit dem Spiegel in der Hand, während ihre Schätze, ihre Edelsteine, Kämme und die silbernen Kästchen mit den

Schönheitsmitteln in Urnen und Gefäßen neben ihr aufgereiht waren. Prunkvoll war die Ausstattung, mit der sie in den Tod gingen.

Eines der bedeutendsten Gräber ist das Grab der Tarquinier, der Familie, die dem frühen Rom etruskische Könige schenkte. Man geht dort einige Treppenstufen hinunter und betritt das unterirdische Heim der *Tarchne,* wie die Etrusker schrieben. Inmitten der großen Kammer stehen zwei Pfeiler, die vom Felsen übrigblieben. Die Wände des großen Wohnzimmers der toten Tarquinier, wenn man so sagen darf, sind mit Stuck geschmückt, aber ohne Malereien. Nur Inschriften stehen an der Wand und ebenso in den darin eingelassenen Grabnischen über dem langen doppelreihigen Steinbett; es sind kleine Sätze, die ungezwungen in roter oder schwarzer Farbe hingeschrieben oder mit dem Finger in den Stuck eingekratzt wurden; schräglaufend, in jener echt etruskischen Unbekümmertheit und Lebensfülle, oft auch abwärts laufend, von rechts nach links geschrieben. Diese wohlmeinenden Inschriften, die aussehen, als hätte sie jemand erst gestern hingekritzelt, ohne sich etwas dabei zu denken, können wir unschwer lesen in ihren archaischen etruskischen Buchstaben. Aber wenn wir sie gelesen haben, wissen wir nicht, was sie bedeuten. *Avle – Tarchnas – Larthal – Clan*. Das ist einfach genug. Aber was bedeutet es? Niemand weiß es genau. Es sind Namen, Familiennamen, Familienbeziehungen, Titel des Verstorbenen – soviel können wir unterstellen. „Aule, Sohn des Larte Tarchna“, sagen die Gelehrten, die soweit gediehen sind. Aber wir können nicht einen einzigen Satz verstehen. Die etruskische Sprache ist ein Geheimnis. Und doch war sie in Caesars Tagen die Umgangssprache der meisten Leute in Mittelitalien – oder zumindest in Ostmittelitalien. Viele Römer sprachen etruskisch, wie wir französisch reden. Trotzdem ist die Sprache jetzt völlig vergessen. Das Schicksal geht sonderbare Wege.

Das *Grotta Bella* genannte Grab ist interessant wegen der Flachreliefs und der Stuckreliefs auf den Pfeilern und den Wänden rings um die Grabnischen und über dem steinernen Totenbett, das um die Grabkammer herumläuft. Die meisten dargestellten Gegenstände sind Waffen und kriegerische Abzeichen: Schilde, Helme, Brustharnische, Beinschienen, Schwerter, Speere, Schuhe, Gürtel, das Halsband eines Edelmanns; ferner die geweihte Trinkschale, das Zepter, der Hund, der dem Manne sogar auf seiner Totenreise als Wächter beisteht, die beiden Löwen, die das Tor des Lebens oder Todes flankieren, der Triton oder Meermann und die Gans: der Vogel, der auf dem Wasser schwimmt und seinen Kopf tief in die Flut des Anfangs und Endes taucht. Sie alle sind auf den Wänden dargestellt. Und sie alle wurden zweifellos, als tatsächliche Gegenstände oder als Sinnbilder, mit in dieses Grab gelegt. Doch nichts ist zurückgeblieben. Wenn wir daran denken, welch einen großen Schatz jedes Grab von einiger Bedeutung enthalten haben muß, und daß jeder große *Tumulus* mehrere Gräber bedeckt, und daß wir in der Gräberstadt von Cerveteri noch Hunderte von Gräbern entdecken können, und daß andere Gräber in großer Zahl auf

Zeichnung J. Byres' von den Malereien im Grab des Biclinium in Tarquinia, die heute nicht mehr erhalten sind.

der anderen Seite der alten Stadt, nach dem Meer zu, liegen, so gewinnen wir eine Vorstellung von dem ungeheuren Reichtum, den diese Stadt aufbringen konnte, um ihn mit ihren Toten zu begraben; und das zu einer Zeit, als Rom sehr wenig Gold besaß und selbst Bronze dort rar war.

Die Gräber wirken so behaglich und freundlich, obwohl sie unter der Erde aus dem Fels gehauen wurden. Man fühlt sich nicht bedrückt, wenn man hinabsteigt. Teilweise ist das offenbar dem besonderen Zauber des natürlichen Ebenmaßes zu verdanken, wie er allen etruskischen Dingen der unverdorbenen, noch nicht romanisierten Jahrhunderte eigen ist. Aus Formen und Bewegungen der unterirdischen Wände und Räume sprechen eine Schlichtheit und zugleich eine sehr eigenartige ungezwungene Natürlichkeit, die sofort tröstlich stimmt. Die Griechen waren bestrebt, Eindruck zu machen, und in der Zeit der Gotik war man in noch stärkerem Maße bemüht zu beeindrukken. Nicht so die Etrusker. Die Dinge, die sie während der Jahrhunderte ihres Wohlstandes hervorbrachten, sind ebenso natürlich und ungezwungen wie das Atmen. Sie atmen eine gewisse Lebensfülle. Das gilt sogar von den Gräbern. Und darin besteht der wahre Vorzug der Etrusker: in ihrer ungezwungenen Natürlichkeit und ihrem Lebensüberschwang. Sie haben nicht das Bedürfnis, dem Geist oder der Seele eine bestimmte Richtung aufzuzwingen.

Und der Tod war für die Etrusker eine heitere Fortsetzung des Lebens, mit Edelsteinen und Wein und mit Flöten, die zum Tanz aufspielten. Er war weder eine ekstatische Seligkeit, ein Himmel, noch ein qualvolles Purgatorium. Er war einfach eine natürliche Fortdauer der Lebensfülle. Alles fand seinen Ausdruck in Begriffen des Lebens, des Lebendigen.

Doch alles Etruskische, außer den Gräbern, wurde vernichtet. Es mutet einen seltsam an. Man tritt wieder in die Aprilsonne hinaus, auf den versunkenen Weg zwischen den lieblichen, grasbewachsenen Grabhügeln, und im Vorübergehen blickt man die Stufen hinunter auf die türlosen Eingänge der Gräber. Es ist alles so still und freundlich und heiter. Der Ort strahlt solch eine Ruhe aus.

D. H. Lawrence:
Etruskische Stätten (1927)

Die „etruskische Mode" in Kunsthandwerk und Kunst

Im ausgehenden 18. Jahrhundert ist die „etruskische Mode" im Kunsthandwerk in voller Blüte. Josiah Wedgwood begründet 1769 die Manufaktur „Etruria" mit den berühmten, etruskisierenden weiß-blauen Keramik-Vasen, die bis heute produziert werden; die Königliche Porzellanmanufaktur Berlin läßt sich von etruskischen Objekten, etwa den berühmten Bronzecisten inspirieren. Möbel, Wandverkleidungen und weitere Objekte des täglichen Lebens nehmen etruskische Motive auf. In derselben Tradition stehen bis zu einem gewissen Grade heutige Designer und Werbestrategen, die etwa ein Parfüm „Etruscan" nennen oder „etruskisches" Öl und Wein verkaufen.

Ernsthafte Auseinandersetzungen mit den expressiven Stilformen der Etrusker und anderer alter Kulturen führen einige Künstler des 20. Jahrhunderts; am bekanntesten sind Marino Marini und Alberto Giacometti. Giacometti (1901–1966) lernte auf Reisen nach Italien – 1920 schon berichtet er von einem Besuch im Archäologischen Museum von Florenz – etruskische und andere antike Skulpturen, besonders ägyptische, kennen. Aus dieser Beschäftigung heraus entstehen viele Zeichnungen. Er selbst charakterisiert sein Interesse und seine Stellung zu alter Kunst so:

„Diejenigen Kunstwerke der Vergangenheit, die der Wirklichkeit am nächsten kommen, sind gerade die, von denen man sagt, daß sie am weitesten davon entfernt sind. Ich denke dabei etwa an die stilisierte Kunst aus Chaldäa, Ägypten, aus Byzanz und dem El-Fayum, an einige chinesische Sachen, christliche Miniaturen des Mittelalters, aber keineswegs an das, was man Realismus nennt.

Die echteste Vision drückt sich durch den Stil aus. Natürlich versuchte niemand absichtlich, einen Stil zu schaffen. Den Ägyptern wäre dies unsinnig erschienen. Sie übersetzten eine Vorstellung von Wirklichkeit, so gut es ging ... Für uns haben die Ägypter einen Stil, weil wir anders sehen. Für sie dagegen gab es nur eine Weise, die Welt zu sehen. Das gleiche gilt für prähistorische Künstler, für jene der römischen Zeit ..."

Auch wenn Giacometti hier die Etrusker nicht beim Namen nennt, so trifft das Gesagte genauso auf sie zu, und der direkte Einfluß ihrer stilisierten Sichtweise auf sein Werk zeigen am besten konkrete Vergleiche. Die Bronzeleber von Piacenza stand sicher

Mit diesem Eisgefäß aus der Königlichen Porzellanmanufaktur Berlin aus der Zeit um 1790 werden Praenestiner Cisten zitiert.

▲ Alberto Giacometti ließ sich von den klaren Formen der Leber zu einem Objekt mit dem Titel „Das Leben geht weiter“ inspirieren.

Auf der Bronzeleber von Piacenza ist die etruskische Götterwelt eingeritzt; sie gehörte ▼ vielleicht einem Haruspex.

Pate für eine Reihe von abstrakten Objekten aus den frühen 30er Jahren, etruskische Bronzewagen mit daraufstehenden Figuren waren Inspirationsquelle für seine Wagenfiguren, und stilisiert-langgezogene Skulpturen wie der „Abendschatten“ in Volterra weisen bis ins Detail gehende Übereinstimmungen zu Giacomettis Figuren auf; Unterschiede bestehen unter anderem in der Oberflächenbehandlung. Der moderne Künstler will natürlich etwas ganz anderes ausdrücken als der antike, der seinen Stil unbewußter wählte: Bei den Etruskern ist die Beibehaltung der langgezogenen, unbewegten Figuren als kultisch bedingter Archaismus zu verstehen; Giacometti selbst sagt zu seinen gelängten Figuren:

„Die Erklärung, wieso meine Figuren so schmal geworden waren, ist mir erst später gekommen, an einem Tag, als ich eine Skulptur zu einer Ausstellung wegtrug. Ich packte sie mit einer Hand, ich verstaute sie im Taxi. Da gab ich mir Rechenschaft, daß sie ja ganz leicht war und daß mich im Grunde die Figurenplastiken in natürlicher Größe irritierten, denn ein Mensch, der auf der Straße vorbeigeht, hat kein Gewicht, er ist jedenfalls viel leichter als derselbe Mensch, wenn er tot oder ohnmächtig ist. Er hält sich mit seinen Beinen im Gleichgewicht. Man fühlt sein Gewicht nicht. Diese Leichtigkeit habe ich – ohne daran zu denken – wiedergeben wollen, indem ich die Körper so schmal machte.“

Martin Bentz (1993)

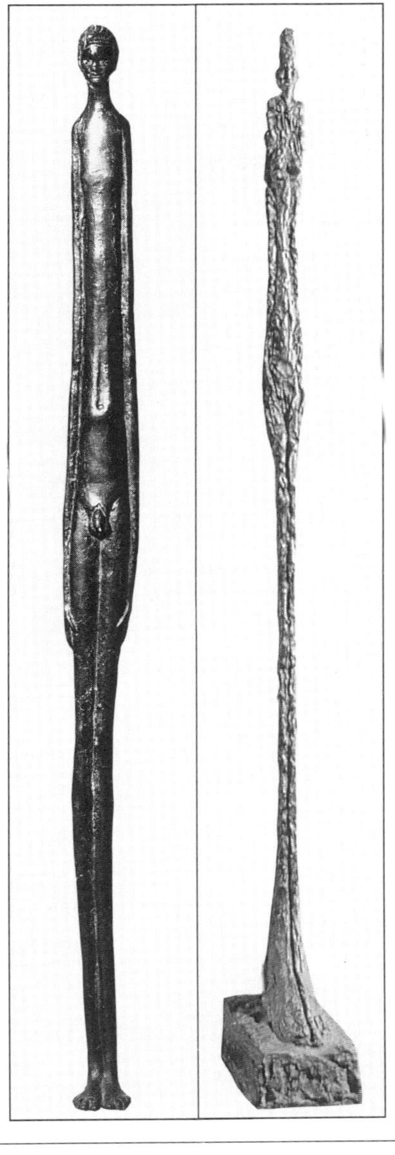

Die Gemeinsamkeiten der Figuren Giacomettis (rechts „große Stehende“) mit etruskischen Skulpturen (links „Abendschatten“ aus Volterra) sind unübersehbar.

Zeittafel

	Historische Daten	Kunst und Kultur
13. Jh. v. Chr.	Angebliche Ankunft der Lyder in Etrurien	
9.–8. Jh.	Villanova-Kultur	Bikonische Urnen; hüttenförmige Urnen; Impasto-Keramik; dörfliche Siedlungen mit ovalen Hütten
7. Jh.	Orientalisierende Phase Herausbildung der etruskischen Stadtstaaten	„Fürstengräber" Bernardini, Barberini, Regolini-Galassi; erster Goldschmuck; Import korinthischer Keramik; erste Bucchero-Keramik; erste etruskische Schriftzeugnisse; Kanopen in Chiusi
6. Jh.	**616–509** regieren die etruskischen Könige aus dem Geschlecht der Tarquinier in Rom; der erste ist Tarquinius Priscus, der letzte Tarquinius Superbus **535** Schlacht bei Alalia auf Korsika, bei der Etrusker und Karthager gegen die Griechen aus Phokis siegen	Blütezeit der etruskischen Kultur; Beginn der Wandmalereien in Tarquinia; Tonstatue des Apollo von Veji; Herrensitz von Murlo; schwarzfigurige Keramik **um 530** rotfigurige Keramik
5. Jh.	**474** Niederlage der etruskischen Flotte vor Cumae gegen Hieron I. von Syrakus; Gründung von Kolonien nördlich des Apennin und in Kampanien **415** nehmen etruskische Schiffe an der athenischen Expedition gegen Syrakus teil	Import attischer Keramik über die Adriahäfen; rechtwinklige Stadtanlagen von Marzabotto und Spina; Goldblättchen von Pyrgi mit phönizischen und etruskischen Texten
4. Jh.	**396** Veji wird von Rom eingenommen und dem Stadtstaat eingegliedert; Kämpfe zwischen Rom und einzelnen etruskischen und faliskischen Städten	Statue der Chimäre von Arezzo; gravierte Praenestiner Cisten; Ende der figürlich-bemalten Keramik; Grab der Reliefs in Cerveteri
3. Jh.	Bündnisverträge Roms mit zahlreichen etruskischen Städten **295** Sieg der Römer gegen Gallier und Teile der Etrusker bei Sentinum **284** soziale Unruhen in Arezzo **280** wird Vulci von Rom erobert **273** wird die römische Kolonie Cosa im Gebiet von Vulci gegründet **264** Zerstörung von Volsinii; Neuansiedlung der Bevölkerung bei dem heutigen Bolsena **241** Eroberung von Falerii **205** müssen die etruskischen Städte Tribute für den Karthago-Feldzug Scipios leisten	Das François-Grab in Vulci wird bemalt; bei der Eroberung Volsiniis werden 2000 erbeutete Statuen nach Rom gebracht; reiche Produktion gravierter Spiegel; Beginn der Alabasterurnen-Produktion
2. Jh.	**186** wird der Bacchus-Kult verboten; Gründung weiterer römischer Kolonien auf etruskischem Gebiet	Blütezeit der Produktion von Alabasterurnen in Volterra und von Tonurnen in Chiusi und Perugia; Statue des Arringatore
1. Jh.	**90–88** Bundesgenossenkriege, als deren Resultat Etrusker und übrige Italiker das römische Bürgerrecht erhalten; unter Kaiser Augustus wird Etrurien zur 7. Region Italiens und geht endgültig im römischen Staat auf	Die etruskische Sprache verschwindet.

Glossar

Akroter: plastischer Schmuck (Statuen oder Ornamentik) auf Ecken oder Spitze von Tempel- oder Hausgiebeln

Amphore: Keramikgefäß, in dem Wein oder Öl transportiert wurde

Antefix: Stirn- oder Abschlußziegel, an den untersten Deckziegeln am Dachrand befestigt und häufig bemalt oder plastisch verziert

Augur: Deuter und Wahrsager göttlichen Willens mit Hilfe der Beobachtung von Himmelserscheinungen, des Vogelflugs oder der Eingeweideschau

Auloi: Holzblasinstrument, das immer aus zwei Röhren besteht, meist Doppelflöte genannt, auch wenn es von Klang und Technik eher einer heutigen Oboe entspricht

Bacchanal: im griechischen Unteritalien entstandenes kultisches Fest zur Ehren des Gottes Bacchus (= Dionysos)

Bucchero: Keramik aus schwarz gebranntem Ton mit grauschwarzglänzender Oberfläche, die Metall imitiert. Sie wurde nur in Etrurien, vom 7. bis frühen 5. Jh. v. Chr., hergestellt.

Chimäre: feuerspuckendes Fabelwesen, zusammengesetzt aus Löwe, Ziege und Schlange, das vom Helden Bellerophon besiegt wird; berühmteste Darstellung ist die Bronzechimäre von Arezzo in Florenz.

Cippus: Markstein unterschiedlicher Form (eckig, pinienzapfenförmig, in Kopfform), der als Begrenzung, Grabaufsatz oder an Grabtüren Aufstellung fand

Ciste: meist zylindrischer Bronzebehälter mit Deckel für Toilettenutensilien von Frauen

disciplina etrusca: Regelwerk der Etrusker, in dem religiöse Handlungen festgelegt waren. Sie enthielten Vorschriften für Bestattung, Opfer, Grabkult, Gründungen von Städten und Heiligtümern.

Dodekapolis: Zwölfstädtebund, in dem die etruskischen Stadtstaaten zusammengeschlossen waren. Die Zusammensetzung dieses Bundes wechselte im Laufe der Geschichte; die wichtigsten Mitglieder waren (von Norden nach Süden; vgl. die Karte S. 51): Fiesole, Arezzo, Volterra (Velathri), Cortona (Curtun), Perugia (Persna?), Chiusi (Clevsin), Populonia (Pupluna), Vetulonia (Vetluna), Orvieto (Volsinii, Velzna), Vulci (Velcl), Tarquinia (Tarchnal), Caere (Chaisre?), Veji (Veia).

Epheben: im 4. Jh. v. Chr. organisierte athenische Wehrpflichtige

Fibel: Gewandnadel aus Gold oder Bronze zum Zusammenhalten der ungenähten und meist knopflosen Gewänder

Fanum Voltumnae: bislang nicht entdecktes Heiligtum des Gottes Voltumna und Bundesheiligtum der Etrusker bei Volsinii (Orvieto), in dem die jährliche Versammlung des Städtebundes stattfand und Spiele ausgerichtet wurden

gens, gentes: traditionsreiche Familien der etruskischen Oberschicht

Granulation: Goldschmiedetechnik, in der Goldkügelchen, z. T. fein wie Staub, mit der Goldschmuckunterlge verbunden wurden

Haruspex: Seher, Deuter göttlicher Zeichen und Willens aus Naturerscheinungen, besonders aus tierischen Eingeweiden, vor allem der Leber

Impasto: grober, bräunlicher Ton, aus dem die Keramik Mittelitaliens bis zum 7. Jh. hergestellt wurde

Kammergrab: Grab mit meist aus dem Felsen gehauenem, häufig unterirdischem Totenraum, der architektonisch gestaltet oder bemalt sein kann; siehe vor allem die Grabmalereien von Tarquinia

Kandelaber: Kerzenständer aus Bronze, meist plastisch verziert

Kanope: Aschenurne mit Deckel in Kopfform, die vor allem im Gebiet von Chiusi auftritt. Der Name ist von ägyptischen anthropoiden Urnen entlehnt.

Klientel: nicht rechtsfähige Personen, für die im antiken Rom ein Patron die Vertretung vor Gericht und den Schutz in der Öffentlichkeit übernahm

Krater: großes Gefäß zum Mischen von Wasser mit Wein

Lukumon: Titel der obersten Magistraten eines etruskischen Stadtstaates, teilweise als „König" übersetzt

Maremmen: sumpfige, heute z. T. in Kulturlandschaft umgewandelte Küstengegend in Mittelitalien

Nekropole: griechisch „Totenstadt", Friedhof; antike Friedhöfe lagen immer außerhalb der Städte.

Patera: Schale aus Bronze oder Keramik, die für Trankopfer benutzt wurde

Thalna: Göttin der Geburtshilfe; entspricht einer der griechischen Eleithyien

Thanr: Göttin der Geburtshilfe und der Fruchtbarkeit

Tumulus: runder Grabhügel mit Kammergräbern; viele Beispiele in der Banditaccia-Nekropole von Caere

Zilath: Magistrat, entspricht im lateinischen eventuell dem Prätor. Der „Zilath mechl rasnal" (Zilath des etruskischen Volkes) war vielleicht der oberste Beamte des etruskischen Bundes.

Museen mit etruskischen Exponaten

Die drei mit Abstand wichtigsten Museen mit Werken etruskischer Kunst sind in:

Florenz
Museo Archeologico Nazionale di Firenze
Via della Colonna 38
I-50121 Firenze
(Zentralmuseum für Mittel- und Nordetrurien, u. a. Chimäre von Arezzo, Arringatore, François-Vase)

Rom
Museo Nazionale di Villa Giulia
Piazzale di Villa Giulia 9
I-00195 Roma
(Zentralmuseum für Südetrurien, u. a. Apollon von Veji, Grabausstattungen aus Praeneste)

Museo Gregoriano Etrusco
Città del Vaticano
I-00120 Roma
(u. a. Funde aus dem Regolini-Galassi-Grab von Caere, Mars von Todi, Malereien vom François-Grab)

Aber auch andere italienische Museen besitzen wichtige lokale Funde:

Arezzo
Museo Archeologico Mecenate
Via Margaritone 10
I-52100 Arezzo
(Bronzestatuetten, Keramik, Urnen)

Bologna
Museo Civico Archeologico
Via Musei 8
I-40124 Bologna
(Felsiner Grabstelen)

Chiusi
Museo Etrusco
Piazza della Cattedrale
I-53043 Chiusi Città (Siena)
(Kanopen, archaische Reliefs, hellenistische Urnen)

Cortona
Museo dell' Accademia Etrusca
Palazzo Casali
Piazza Signorelli
I-52044 Cortona (Arezzo)
(Bronzeleuchter)

Grosseto
Museo Archeologico e d'Arte della Maremma
Piazza Beccarini 3
I-58100 Grosseto
(u. a. Material aus Roselle)

Marzabotto
Museo Nazionale Etrusco Pompeo Aria
Via Porrettana Sud 13
I-40043 Marzabotto (Bologna)
(Grabungsmuseum mit Funden des täglichen Lebens aus den Häusern, Grabbeigaben)

Orvieto
Museo Etrusco Faina
Piazza del Duomo 29
I-05018 Orvieto
(Venus von Cannicella, Architektur-Terrakotten)

Perugia
Museo Archeologico Nazionale dell' Umbria
Piazza Giordano Bruno 10
I-06100 Perugia
(Inschriften-Cippus, Graburnen)

Tarquinia
Museo Nazionale Tarquiniese
Palezzo Vitelleschi
I-01016 Tarquinia (Viterbo)
(Steinsarkophage, Grabfresken)

Volterra
Museo Etrusco Guarnacci
Via Vittorio Emanuele
I-56048 Volterra (Pisa)
(Alabasterurnen)

Außerhalb Italiens besitzen viele der großen Antikenmuseen etruskische Abteilungen:

London	British Museum
Paris	Louvre
New York	Metropolitan Museum

In Deutschland sind vor allem zu nennen:

Berlin
Staatliche Museen zu Berlin
Preußischer Kulturbesitz
Antikensammlung
Schloßstr. 1
14059 Berlin
(Keramik, Terrakotten, Urnen)

Pergamonmuseum
Bodestr. 1 – 3
10178 Berlin

München
Staatliche Antikensammlungen
Königsplatz 1
80333 München
(Loeb'sche Dreifüße, Goldschmuck)

Aber auch die etruskischen Funde folgender Museen lohnen einen Besuch:

Hamburg
Museum für Kunst und Gewerbe
Antikenabteilung
Steintorplatz 1
20099 Hamburg
(Bucchero-Keramik, Spiegel, Geräte, Waffen, Skulpturen)

Hannover
Kestner-Museum
Trammplatz 3
30159 Hannover
(Villanova- und Bucchero-Keramik, Schmuck)

Karlsruhe
Badisches Landesmuseum
Schloß
76131 Karlsruhe
(Vasen, Bronzen, Bucchero-Keramik)

Würzburg
Museum Etruscum
im Martin-von-Wagner-Museum
Südflügel der Residenz
Residenzplatz
97070 Würzburg
(Vasen, Bronzefiguren, Bucchero-Keramik)

Kleine Auswahl der weiterführenden Literatur

F. Coarelli (Hrsg.), Etruskische Städte, Freiburg 1977

M. Cristofani (Hrsg.), Die Etrusker, Stuttgart 1985

M. Pallottino, Etruskologie, Basel 1988

A. J. Pfiffig, Einführung in die Etruskologie, Darmstadt 1991

A. J. Pfiffig, Religio etrusca, Graz 1975

H. Rix, Etruskische Texte, Tübingen 1992

M. Sprenger/G. Bartoloni, Die Etrusker, München 1990

S. Steingräber, Etrurien, München 1981

S. Steingräber, Etruskische Wandmalerei, Freiburg 1985

Verwendete Literatur

Herodot: Historien I, 94. Übersetzt von Martin Bentz.

Dionysios von Halikarnassos: Buch I, 30. Ebd.

Titus Livius: Römische Geschichte, Buch I; aus: Römische Geschichte I – III. Latein und deutsch, herausgegeben von Hans Jürgen Hillen. © 1987 Artemis Verlag München.

Martin Bentz: Etruskische Texte. © beim Autor.

Martin Bentz: Etruskische Götter. © beim Autor.

Raymond Bloch: Le mystère étrusque (1968). Übersetzt von Walburga Christina Sarcher.

Viviano Domenici: „Tarquinia" im Corriere della sera vom 25. 5. 1986. © Rizzoli Corriere della Sera Editoriale Quotidiani SpA, Mailand. Übersetzt von Martin Bentz.

Maja Sprenger/Gilda Bartolini: Architektur; aus: Die Etrusker – Kunst und Geschichte. © Hirmer Verlag GmbH, München.

Edilberto Formigli: Appendice Tecnica; aus: Mauro Cristofani/Marina Martelli: L'oro degli Etruschi. © Istituto Geografico DeAgostini, Mailand. Übersetzt von Sylvia Lindner.

Adolphe Noël des Vergers: L'Etrurie et les Etrusques ou dix ans de fouilles dans les maremmes toscanes (1862 – 1864). Übersetzt von Walburga Christina Sarcher.

Stendhal: Reise in Italien. Dt. Ausgabe Jena 1911.

D. H. Lawrence: Etruskische Stätten. Deutsch von Oswalt und Nostitz. © 1985 by Diogenes Verlag AG Zürich.

Martin Bentz: Die „etruskische Mode" in Kunsthandwerk und Kunst. © beim Autor.

Neuere Ausstellungskataloge

Etrusker in der Toskana, Hamburg 1987

Malerei der Etrusker in Zeichnungen des 19. Jahrhunderts, Köln 1987

Die Welt der Etrusker, Berlin 1988

Die Etrusker und Europa, Berlin 1993

Bildnachweis

Umschlag
Vorderseite: Kanope, 7. Jh. v. Chr. Chiusi, Archäologisches Museum.
Buchrücken: Exvoto für ein Neugeborenes, Tessenano. Rom, Museo Nazionale Etrusco di Villa Giulia. Photo: Dagli-Orti, Paris.
Rückseite: Stirnziegel in Form eines Gorgonenhauptes. Ebd.

Bildvorspann
1 Fresko im Querciola-Grab, linke Wand. Aquarell von Carlo Ruspi, 1831. Rom, Deutsches Archäologisches Institut.
2 Musiker. Fresko aus dem Grab des Triclinium, rechte Wand. Ebd.
3 Tänzerin. Fresko aus dem Grab des Triclinium, linke Wand. Ebd.
4 – 5 Frau, einen Kranz aus Blättern haltend. Fresko aus dem Grab des Triclinium, linke Wand. Ebd.
6 Tänzerin. Fresko aus dem Grab des Triclinium, rechte Wand. Ebd.
7 Musiker. Fresko aus dem Grab des Triclinium, rechte Wand. Ebd.
9 Frontispiz von „Monumenti Etruschi" von F. Inghirami, 1825. Paris, Bibliothèque des Arts décoratifs. Photo: Jean-Loup Charmet, Paris.

Erstes Kapitel
10 Frontispiz von „Picturae Etruscorum in vasculis nunc primum in unum collectae" von G. B. Passeri, 1767 – 1775, Rom. Paris, Bibliothèque nationale.
11 Stich nach einer etruskischen Vasenmalerei; aus: Hughes d'Hancarville, „Antiquités étrusques, gréques et romaines. Tirées du cabinet de M. Hamilton, envoyé extraordinaire de sa Majesté Britannique en cour de Naples", Neapel, 1766 – 1767. Paris, Bibliothèque nationale.
12 – 13 Etruria. Gemälde von A. Danti. Rom, Galleria delle Carte Geografiche, Vatikan.

14 Bronzespiegel mit Haruspex beim Betrachten einer Leber. Um 380 v. Chr. Rom, Museo Gregoriano Etrusco, Vatikan. Photo: Scala, Florenz.
15 Bronzene Leber. 2. Jh. v. Chr. Piacenza, Städtisches Museum. Photo: Ebd.
16 Der „Arringatore" (Redner). Bronzeplastik, 2. Jh. v. Chr. Florenz, Museo Archeologico Nazionale. Photo: Ebd.
17 Die Chimäre von Arezzo. Bronzeplastik um 380 - 360 v. Chr. Ebd. Photo: Dagli-Orti, Paris.
18 Hadeskopf. Fresko aus dem Grab der Unterwelt, Tarquinia, 4 Jh. v. Chr. Photo: Scala, Florenz.
19 Porträt Lorenzo de' Medicis, des Prächtigen. Gemälde von Giorgio Vasari. Florenz, Uffizien. Photo: Ebd.
20 (oben) Titelseite des Buchs von T. Dempster, „De Etruria regali", Florenz 1723/1724. Paris, Bibliothèque nationale.
20 (unten) Stich; aus: T. Dempster, „De Etruria regali", Florenz 1723/1724. Ebd.
21 (oben). Ebd.
21 (unten). Ebd.
22 - 23 Die Entdeckung des Mercareccia-Grabes, Tarquinia. Italienischer kolorierter Stich um 1820. Paris, Bibliothèque des Arts décoratifs. Photo: Jean-Loup Charmet, Paris.
24 (oben) Ausschnitt aus einer Seite des Werkes von G. B. Passeri, „Picturae Etruscorum ...", 1767 - 1775. Paris, Bibliothèque nationale.
24 (unten) Porträt Giovanni Battista Piranesis. Gemälde von P. Labruzzi, Rom. Photo: Giraudon, Paris.
25 Titelseite des Werks: „Observations de Jean-Baptiste Piranèse sur la lettre de M. Mariette aux auteurs de la Gazette littéraire de l'Europe". Photo: Bibliothèque nationale, Paris.
26 Papst Pius VII. und seine Sammlung etruskischer Vasen. Fresko von N. De Angelis, 1815. Rom, Vatikanische Bibliothek. Photo: Scala, Florenz.
27 Fresko von Simonetti. Rom, Museo Gregoriano Etrusco, Vatikan. Photo: Ebd.
28 (oben) Etruskische Vase, 5. Jh. v. Chr. Stich; aus: G. B. Passeri, „Picturae Etruscorum ...", 1767 - 1775. Paris, Bibliothèque nationale.
28 (unten) Herkules und Tuscus. Vasenbild des späten 6. Jh.s v. Chr. Stich; aus: Viterbo, „Muséum étrusque de Lucien Bonaparte, prince de Canino", 1829. Ebd.
29 (links) Stiche nach etruskischen Vasenmalereien. Ebd.
29 (rechts). Ebd.
30 - 31 Wagenlenker. Fresko aus dem Grab des Casuccini-Hügels 5. Jh. v. Chr., Chiusi. Photo: Scala, Florenz.
32 (oben) Gr. Goldfibel, um 670 - 650 v. Chr. Rom, Museo Gregoriano Etrusco, Vatikan. Photo: Ebd.
32 (unten) Armreifen. Regolini-Galassi-Grab, um 650 v. Chr. Ebd.
33 Sarkophag eines Ehepaares. Terrakotta um 500 v. Chr. Nekropole von Cerveteri. Paris, Musée du Louvre. Photo: Réunion des Musées nationaux, Paris.
34 - 35 Das Querciola-Grab, Tarquinia, 5. Jh. v. Chr. Stich; aus: E. C. Hamilton Gray, „Tour to the Sepulchres of Etruria", London, 1840. Paris, Bibliothèque nationale.
35 (unten) Überreste eines Tempels in Todi. Stich; aus: G. Micali, „L'Italia avanti il dominio dei Romani", Mailand 1821. Ebd.
36 - 37 Das Grab der Reliefs in Cerveteri, um 300 v. Chr. Aquarell von J. Ainsley, 1846 - 1847. London, British Museum.
38 - 39 „La Mercareccia" in Corneto. Zeichnung von J. Ainsley, 1842. Ebd.
39 (unten) Grab in der Toskana. Ebd.
40 (oben) Hermeskopf. Darstellung auf einem Bronzespiegel. Photo: Verlag Franco Maria Ricci, Mailand.
40 (unten) Geburt der Minerva. Darstellung auf einem Bronzespiegel, 4./3. Jh. v. Chr. Bologna, Städtisches Museum. Photo: Scala, Florenz.
41 Herakles, begleitet von einer Nike. Darstellung auf einem Bronzespiegel, 3./2. Jh. v. Chr. Paris, Musée du Louvre. Photo: Réunion des Musées nationaux, Paris.
42 (oben) Etruskische Inschrift auf einem Bronzeobjekt. Orvieto, Städtisches Museum. Photo: Dagli-Orti, Paris.
42 (unten) Ansicht eines Teils der Nekropole von Banditaccia; aus: G. Q. Gilioli, „L'Arte etrusca", 1935. Paris, Bibliothèque Doucet. Photo: Pierre Pitrou.
43 Etruskische Inschriften auf Goldtäfelchen; aus Pyrgi, 500 v. Chr. Rom, Museo Nazionale Etrusco di Villa Giulia. Photo: Scala, Florenz.
44 Terrakottastatue einer sitzenden Figur. 570 v. Chr. Murlo. Photo: Agence photographique Luisa Riccioarini, Mailand.
45 Entdeckung der Statue des Apollo von Veji im Jahre 1916; aus: G. Q. Giglioli, „L'Arte etrusca", 1935. Paris, Bibliothèque Doucet. Photo: Pierre Pitrou.
46 Verschiedene Objekte aus dem Bufalareccia-Grab. Museum von Cerveteri. Photo: Scala, Florenz.
47 Ansicht der mittelalterlichen Stadt Sorano, die über einer Felsnekropole errichtet wurde. Photo: Scona, Luciano Casadei, Rom.

Zweites Kapitel
48 Kanope, 7. Jh. v. Chr. Chiusi, Archäologisches Museum. Photo: Verlag Franco Maria Ricci, Mailand.
49 Sitzendes Kind. Bronzeplastik, 4./3. Jh. v. Chr. Rom, Museo Gregoriano Etrusco, Vatikan. Photo: Scala, Florenz.
50 Reliefierte Bucchero-Vase aus Chiusi, 6. Jh. v. Chr. Stich aus: Giuseppe Micali, „L'Italia avanti il dominio dei Romani", 1821. Paris, Bibliothèque nationale.
51 Landkarte Etruriens.
52 Brücke bei Vulci. Illustration aus: G. Dennis, „The Cities and Cemeteries of Etruria", London 1848. Ebd.
53 Etruskischer Bauer. Stich; aus: „Musei etruschi", Rom, 1842. Ebd.

54 (oben) Öllämpchen in Gestalt eines Vogelkörpers mit zwei Hirschköpfen aus Bronze; aus der Nekropole von Monterozzi, 8. Jh. v. Chr., Ebd. Photo: Dagli-Orti, Paris.
54 (unten) Askos in Gestalt eines Rindes aus Terrakotta; aus der Nekropole von Monterozzi, 8. Jh. v. Chr. Tarquinia, Nationalmuseum. Photo: Ebd.
55 (oben) Graburne in Gestalt einer Hütte; aus den Albaner Bergen um Rom, 7. Jh. v. Chr. Rom, Museo della Civiltà Romana. Photo: Ebd.
55 (unten) Urne der Villanova-Kultur, 8. Jh. v. Chr., mit einer Haube aus Metall. Terrakotta und Bronzeblech. Florenz, Museo Archeologico Nazionale. Photo: Franco Maria Ricci éditeur, Mailand.
56 (oben) Arm eines Flabellums aus Elfenbein; aus dem Barberini-Grab, 640 – 620 v. Chr. Ebd. Photo: Scala, Florenz.
56 (unten) Kessel mit eingravierten Kriegs- und Jagdszenen aus vergoldetem Silber. Aus dem Bernardini-Grab. Rom, Museo Nazionale Etrusco di Villa Giulia. Photo: Ebd.
57 Bronzehände mit Goldknöpfen aus Vulci. Rom, Museo Gregoriano Etrusco, Vatikan. Photo: Ebd.
58 Tumuli der Nekropole von Banditaccia, Cerveteri. Photo: Ebd.
59 (oben) Anhänger in Gestalt des Kopfes des Flußgottes Acheloos aus Goldblech mit aufgesetzten Goldkügelchen, 6. Jh. v. Chr. Paris, Musée du Louvre. Photo: Univers des Formes.
59 (unten) Kanope mit Ohrringen. Terrakotta, um 500 v. Chr. Florenz, Museo Archeologico Nazionale. Photo: Scala, Florenz.
60 – 61 Goldene Ringe und Collier aus der toskanischen Maremma. London, British Museum.
62 (oben) Schale aus vergoldetem Silber aus dem Regolini-Galassi-Grab, um 650 v. Chr. Rom, Museo Gregoriano Etrusco, Vatikan. Photo: Scala, Florenz.
62 (unten) Ahnenfigur. Terrakotta aus der Nekropole von Cerveteri, um 600 v. Chr. Ebd. Photo: Univers des Formes.
63 Reliefierter Bucchero-Krug in Gestalt eines Rinderkopfes, 6. Jahrhundert v. Chr. Florenz, Archäologisches Museum. Photo: Archiv für Kunst und Geschichte, Berlin.
64 Sitzendes Kind, Bronzestatuette, 4./3. Jh. v. Chr. Stich; aus: G. B. Passeri, „Dissertatione sopra alcuni monumenti etruschi“, Rom 1767 – 1775. Paris, Bibliothèque nationale.
65 (oben) Bronzehund und Kinderfigur, 3. Jh. v. Chr. Stiche; aus: T. Dempster, „De Etruria regali“, 1723 – 1724. Ebd.
65 (unten). Ebd.

Drittes Kapitel
66 Das Grab des Etruskerkönigs Porsenna aus dem 6. Jahrhundert v. Chr. Stich, 19. Jh. Photo: Roger-Viollet, Paris.
67 Vase in der Gestalt eines Widderkopfes. Stich; aus: G. B. Passeri, „Picturae Etruscorum . . . “, 1767 – 1775. Paris, Bibliothèque nationale.
68 Tor in Volterra. Stich; aus: G. Micali, „L'Italia avanti il dominio dei Romani“, 1821. Ebd.
69 Etruskisches Portal in Perugia. Photo: Roger-Viollet, Paris.
70 Etruskische Skulpturen. Stich; aus: „Musei etruschi“, 1842. Paris, Bibliothèque nationale.
71 Ringer und Tänzer. Fresko aus dem Grab des Casuccini-Hügels, Chiusi, 5. Jh. v. Chr. Photo: Scala, Florenz.
72 (oben) Porträt von Servius Tullius, 578 – 523 v. Chr. König von Rom. Stich. Paris, Bibliothèque nationale. Photo: Giraudon, Paris.
72 (unten) Sarkophag eines Beamten aus der Nekropole von Cerveteri. Rom, Museo Gregoriano Etrusco, Vatikan. Photo: Scala, Florenz.
73 Der Herr Vel Saties und sein Sklave Anrza. Fresko aus dem François-Grab in Vulci. Photo: Univers des Formes.
75 (oben) Die Nekropole von Cerveteri, 7. Jh. v. Chr: Piazza Maroi. Photo: Dagli-Orti, Paris.
75 (unten) Die Nekropole von Cerveteri: Detailaufnahme der Piazza Maroi.
76 Inneres des Regolini-Galassi-Grab in Cerveteri. Ende des 7. Jh. v. Chr. Paris, Bibliothèque nationale. Photo: Dagli-Orti, Paris.
77 (oben) Zugang zur Grabkammer des Grabes von Montagnola i. d. Nekropole von Quinto Fiorentino, 7. bis 6. Jh. v. Chr. Photo: Scala, Florenz.
77 (unten) Inneres des Grabes von Mula in der Nekropole von Quinto Fiorentino, 7. Jh. v. Chr. Photo: Ebd.
78 – 79 Das Alkoven-Grab mit den Pilastern in der Nekropole von Banditaccia, Cerveteri, 4. Jh. v. Chr. Photo: Dagli-Orti, Paris.
80 – 81 Trauernde an der Pforte der Hölle. Fresko aus dem Grab der Auguren in Tarquinia, 6./5. Jh. v. Chr. Photo: Bibliothèque nationale, Paris.
81 (oben) Veranstalter der Spiele. Fresko im Grab der Auguren in Tarquinia, 6. bis 5. Jh. v. Chr. Photo: Artephot/Faillet, Paris.
82 (oben) Das Schiff des Dionysos, 6. Jh. v. Chr. Abbildung; aus: Viterbo, „Muséum Étrusque de Lucien Bonaparte, prince de Canino“, 1829. Paris, Bibliothèque nationale.
82 – 83 Griechische und etruskische Schiffe. Anonymes Aquarell, 1885. Madrid, Schiffahrtsmuseum. Photo: Dagli-Orti, Paris.
84 (oben) Der Apollo von Veji, 6. Jh. v. Chr. Rom, Museo Nazionale Etrusco di Villa Giulia. Photo: Scala, Florenz.
84 (unten) Jupiter. Bronzeplastik, um 500 v. Chr. Cortona, Museo dell'Academia Etrusca. Photo: Ebd.
85 Der Apollo von Veji, 6. Jh. v. Chr. Rom, Museo Nazionale Etrusco di Villa Giulia. Photo: Ebd.
86 Grab der Jagd und des Fischfangs. Fresko aus Tarquinia, 520 – 490 v. Chr. Photo: Dagli-Orti, Paris.
87 Flötenspieler. Fresko aus dem Grab der Leoparden in Tarquinia, 490 v. Chr. Photo: Archiv für Kunst und Geschichte, Berlin.
88 (oben) Amphore mit der Darstellung einer Boxkampfszene aus dem Grab der Krieger in Vulci, 6. Jh. v. Chr. Rom, Museo Nazionale Etrusco di Villa Giulia. Photo: Artephot, Paris.

88 (unten) Etruskische Gräber. Stich; 19. Jh. Photo: Roger-Viollet, Paris.
89 Erotische Szene. Fresko aus dem Grab der Stiere in Tarquinia. Photo: Scala, Florenz.
90 Der Sarkophag der Larthia Seianti (Ausschnitt). Polychrome Terrakotta aus Chiusi. Florenz, Archäologisches Museum. Photo: Dagli-Orti, Paris.
91 (oben) Stirnziegel in Gestalt eines Frauenkopfes, 6. Jh. v. Chr. Paris, Musée du Louvre. Photo: Giraudon, Paris.
91 (unten) Weibliche Bronzestatuette. Stich; aus: „Museum Cortonense", Rom 1750. Paris, Bibliothèque nationale.

Viertes Kapitel
92 Sarkophag der Amazonen (Ausschnitt) aus dem späten 4. Jh. v. Chr. Florenz, Archäologisches Museum. Photo: Giraudon, Paris.
93 Sarkophag des „Fettleibigen", 2. Jh. v. Chr. Florenz, Archäologisches Museum. Photo: Scala, Florenz.
94–95 Der Hafen Karthagos zu Anfang dieses Jahrhunderts. Musée des Beaux-Arts de Rouen. Photo: Roger-Viollet, Paris.
95 (oben) Pferdekopf auf der Rückseite einer Silbermünze; punische Arbeit, 4. Jh. v. Chr. Palermo, Museo Nazionale Archeologico. Photo: Univers des Formes.
96 Bronzehelm, von Hieron von Syrakus nach seinem Sieg über die Etrusker im Jahre 474 v. Chr. Olympia geweiht. London, British Museum. Photo: Roger-Viollet, Paris.
97 Samnitische Krieger. Fresko aus Paestum, 4. Jh. v. Chr. Photo: Univers des Formes.
98 (oben) Bronzehelm aus Todi. Rom, Museo Nazionale Etrusco di Villa Giulia. Photo: Scala, Florenz.
98 (unten) Kriegerstatue aus Bronze aus Populonia, 5. Jh. v. Chr. Florenz, Archäologisches Museum. Photo: Ebd.
99 (oben) Brustschild einer Rüstung aus Bronze. Rom, Museo Gregoriano Etrusco, Vatikan. Photo. Ebd.
99 (unten) Gravierte Bronzefibel aus dem Benacci-Grab. Bologna, Städtisches Museum.
100 Stirnziegel in Gestalt eines Mänadenkopfes aus Veji, 5. Jh. v. Chr. Rom, Museo Nazionale Etrusco di Villa Giulia. Photo: Scala Florenz.
101 Vergil und zwei Musen. Mosaik, 3. Jh. v. Chr. Tunis, Bardo-Museum. Photo: Giraudon, Paris.
102–103 Kämpfe zwischen Etruskern und Römern. François-Grab aus Vulci; 4. Jh. v. Chr. Rom, Villa Albani, Sammlung Torlonia. Photo: Univers des Formes.
104 Deckel einer Ciste aus Bronze, 4. Jh. v. Chr. Rom, Museo Nazionale Etrusco di Villa Giulia. Photo: Scala, Florenz.
105 (oben) Kriegerkopf, einen Helm attischen Typs tragend. Polychrome Terrakotta, 6. Jh. v. Chr. Rom, Museo Nazionale di Etrusco di Villa Giulia. Photo: Dagli-Orti, Paris.
105 (unten) Etruskischer Krieger aus Cortona in Leiden, 6. Jh. v. Chr. Stich; aus: „Museum cortonense", 1750. Paris, Bibliothèque nationale.

Fünftes Kapitel
106 Tänzerin. Fresko aus dem Grab der Löwinnen, Tarquinia, 550 bis 520 v. Chr. Photo: Dagli-Orti, Paris.
107 Etruskische Würfel aus Elfenbein, gefunden in der Umgebung von Vulci. Paris, Bibliothèque nationale, Cabinet des médailles.
108 (oben) Die Ponte Sodo in Veji. Photo: Gallimard, Paris.
108 (Mitte) Votivgruppe des „Pflügers" aus Bronze aus der Gegend von Arezzo, 4. Jh. v. Chr. Rom, Museo Nazionale Etrusco di Villa Giulia. Photo: Pascuale de Antonis, Rom.
108 (unten) Weinamphore aus Montalto di Castro, 6. Jh. v. Chr. Ebd. Photo: Artephot/Nimatallah.
109 (oben) Ausgrabungen von Marzabotto aus der Vogelperspektive. Photo: Artephot/D.A.F.
109 (unten) Grundriß eines Hauses aus Marzabotto, „Abschnitt IV", Mansue, 1963. Photo: Credito italiano (Editions Scheiwiller, Mailand), N.S.A. 1978.
110 (oben) Kalksteinurne in Gestalt eines Hauses aus Chiusi. Florenz, Archäologisches Museum. Photo: Scala, Florenz.
110 (unten) Gebäudegrundriss aus Murlo, 7. Jh. v. Chr. Photo: Credito italiano (Editions Scheiwiller, Mailand), Philips Siena 1985.
111 (oben) Würdenträger. Terrakottaplatte als Architekturschmuck aus Murlo, Anfang des 6. Jh.s v. Chr. Siena, Museo di Palazzo Pubblico. Photo: Artephot/Nimatallah.
111 (unten links) Vorbereitungen für ein Festmahl. Ausschnitt aus einem Fresko aus dem Grab Golini II in Orvieto, 4. Jh. v. Chr. Photo: Artephot/Held.
111 (unten rechts) Beinerne Löffel aus dem Grab von Montetosti in Cerveteri, 5. Jh. v. Chr. Rom, Museo Nazionale Etrusco di Villa Giulia. Photo: Dagli-Orti, Paris.
112 (oben) Festmahl. Ausschnitt aus einem Fresko aus dem Grab der Leoparden, Nekropole von Monterozzi in Tarquinia, 4. bis 5. Jh. v. Chr. Photo: Artephot/Faillet, Paris.
112 (unten) Ofennachbildung mit Miniatur-Geschirr aus Bronze aus Chiusi. Chiusi, 6. Jh. v. Chr. Archäologisches Museum. Photo: Artephot/Nimatallah.
113 (oben) Bronzeflasche aus Vulci aus dem späten 8. Jh. v. Chr. Rom, Museo Nazionale Etrusco di Villa Giulia. Photo: Ebd.
113 (unten) Ein Würdenträger. Ausschnitt aus einer Terrakottaplakette als Architekturschmuck aus Murlo, Anfang des 6. Jh.s Siena, Museo di Palazzo Pubblico. Photo: Ebd.
114 (oben) Abschied vom Verstorbenen, 2./1. Jh. v. Chr. Alabasterurne aus der Sammlung von M. Guarnacci, Volterra. Photo: Artephot/Faillet, Paris.
114 (unten links) Bronzestatuetten, Aphrodite und Eros (?) darst., um 400 v. Chr.Paris, Musée du Louvre. Photo: Ebd.
114 (unten rechts) Bronzene Gürtelschnalle aus Casole d'Elsa, 6. Jh. v. Chr. Siena, Etruskisches Museum. Photo: Artephot/Nimatallah.

115 (oben) Musiker bei einem Festmahl. Ausschnitt aus einem Fresko aus dem Grab der Schilde, Tarquinia, 4. Jh. v. Chr. Photo: Artephot/Held.
115 (unten) Musiker. Ausschnitt aus einem Relief auf einer Urne aus Chiusi. Chiusi, Archäologisches Museum. Photo: Scala, Florenz.
116 (oben) Bronzeeimer aus der Nekropole von Certosa, um 500 v. Chr. Bologna, Archäologisches Museum. Photo: Artephot/Nimatallah.
116 (unten) Deckel einer Urne aus Bisenzio aus dem späten 8. Jh. v. Chr. Rom, Museo Nazionale Etrusco di Villa Giulia. Photo: Ebd.
116–117 Tanzendes Paar. Ausschnitt aus einem Fresko aus dem Grab der Löwinnen, Tarquinia, 550 bis 520 v. Chr. Photo: Dagli-Orti, Paris.
117 (oben) Tänzelnde Boxer. Ausschnitt aus einem Fresko der linken Seitenwand aus dem Grab der Auguren, Tarquinia. Photo: Artephot/Percheron.
118 (oben) Masken des etruskischen Theaters. Rom, Museo Nazionale Etrusco di Villa Giulia. Photo: Dagli-Orti, Paris.
118 (unten) Bronzestatuetten zweier Boxer, 4. Jh. v. Chr. Basel, Privatsammlung. Photo: Artephot/Mandel.
119 (oben) Schale und Schabeisen eines Athleten aus Bronze, 4. Jh. v. Chr. Rom, Museo Nazionale Etrusco di Villa Giulia. Photo: Dagli-Orti, Paris.
119 (unten) Spiele und Tänze. Relief auf einer Graburne aus Chiusi, 6. bis 5. Jh. v. Chr. Palermo, Museo Archeologico. Photo: Ebd.
120 (oben) Reiterkorso. Terrakottaplatte als Architekturschmuck aus Murlo, Anfang des 6. Jh.s v. Chr. Siena, Museo di Palazzo Pubblico. Photo: Artephot/Nimatallah.
120 (unten) Zweispänner. Ausschnitt aus dem Fries der Wagenlenker im Grab des Casuccini-Hügels, Chiusi, Anfang des 5. Jh.s v. Chr. Photo: Artephot/Held.
121 Jongleure. Ausschnitt aus einem Fresko aus dem Grab der Akrobaten in Tarquinia, 530 bis 520 v. Chr. Photo: Scala, Florenz.

Sechstes Kapitel
122 „Vercingetorix wendet sich an Cäsar". Ausschnitt aus einem Gemälde von H. P. Motte von 1886. Le Puy-en-Velay Musée Crozatier. Photo: Giraudon, Paris.
123 Die Kapitolinische Wölfin. Bronze, um 500 v. Chr. Rom, Kapitolinisches Museum. Photo: Archiv für Kunst und Geschichte, Berlin.
124 (oben) Männl. Votivkopf. Rom, Museo Nazionale Etrusco di Villa Giulia. Photo: Scala, Florenz.
124 (unten) Zeuskopf. Polychrome Terrakotta aus dem Tempel von San Leonardo aus dem späten 5. Jh. v. Chr. Orvieto, Städtisches Museum. Photo: Dagli-Orti, Paris.
125 Bacchus. Stich aus: „Musei etruschi", 1842. Paris, Bibliothèque nationale.
126 Bacchus. Stich; aus: „Museum cortonense", 1750. Ebd.
127 Zweisprachige Inschrift (etruskisch und lateinisch). Pesaro, Museo Oliveriano. Photo: Scala, Florenz.
128 Bemalte Terrakottaplatte aus Caere, 6. Jh. v Chr. Paris, Musée du Louvre. Photo: Réunion des Musées nationaux, Paris.

Zeugnisse und Dokumente
129 Bucchero-Gefäß mit Inschrift. Rom, Museo Nazionale di Villa Guilia. Photo: Scala, Florenz.
130 Ringkämpfer. Fresko im Grab der Auguren in Tarquinia. Photo: Ebd.
131 Büste des Herodot. Neapel, Nationalmuseum. Photo: Universität Regensburg.
132 Bankett-Szene auf einer gebrannten Tontafel. Fund aus Acquarossa. Viterbo, Städtisches Museum. Photo: Scala, Florenz.
133 Porträt des lateinischen Historikers Livius. Kupferstich. Photo: Roger-Viollet, Paris.
135 Die Begrüßung der Toten. Wandmalerei im Grab der Querciola in Tarquinia, kopiert von Carlo Ruspi, 1832. Photo: Deutsches Archäologisches Institut, Rom.
136 Elfenbein-Schreibtäfelchen aus Marsiliana d'Albegna. 7. Jh. v. Chr. Florenz, Archäologisches Museum. Zeichnung. Maja Sprenger/Gilda Bartolini. Die Etrusker – Kunst und Geschichte. © Hirmer Verlag, München.
137 Etruskisches Alphabet
138 Bucchero-Aryballos mit Inschrift, 7. Jh. v. Chr. Photo: Universität Göttingen.
139 Bronzestatuette des Culsans mit Inschrift (3. Jh. v. Chr.). Museo dell'Accademia Cortona. Photo: Martin Bentz, Regensburg.
140 Illustration aus G. B. Piranesi, De Romanorum. Paris, Bibliothèque nationale.
142 Tempelmodell aus Vulci. Rom, Villa Giulia. 1. Jh. v. Chr. Photo: Universität, Regensburg.
143 Votivbronze eines Wickelkindes. 3. Jh. v. Chr. Museo Archeologico Arezzo. Photo: Martin Bentz, Regensburg.
144 Bronzestatuette des Selvans. 3. Jh. v. Chr. Museo dell'Accademia Cortona. Photo. Ebd.
145 Eine archäologische Sonde wird in ein etruskisches Grab gelassen. Photo: M. Pallottino. Etruskologie. © Birkenhäuser Verlag AG, Basel 1988.
147 Fresko aus dem Grab der Dämonen. 4. Jh. v. Chr., Tarquinia. © Rizzoli Corriere della Sera Editoriale Quotidiani SpA, Mailand.
148/149 Fresko aus dem Grab der Dämonen, 4. Jh. v. Chr., Tarquinia. © Rizzoli Corriere della Sera Editoriale Quotidiani SpA, Mailand.
150 Orvieto, Necropoli di Crocifisso del Tufo. Nördliche Nekropole der 265 von den Römern zerstörten urbs vetus von Volsinii; aus: M. Sprenger / G. Bartolini: Die Etrusker – Kunst und Geschichte. © Hirmer Verlag, München.
153 Luftaufnahme der antiken Stadt Spina. Ebd.
155 Plan von vier Gräben aus Cerveteri (Caere), Necropoli della Banditaccia. Von links oben nach rechts unten: Tomba dei Capitelli (um 570 v. Chr.), Tomba degli Scudi e delle Sedie (2. Hälfte d. 6. Jh.

v. Chr.), Tomba dei Rilievi (Ende 4./Anfang 3. Jh.), Tomba dell'Alcova (4. Jh.). Ebd.
156 (links) Plan dreier Häuser von Acquarossa. Ebd.
156 (rechts) Grundriß der Residenz von Murlo. Ebd.
158 Körbchenohrringe aus Vulci. München, Staatliche Antikensammlungen und Glyptothek. Photo: Universität Regensburg.
159 Skizze der Herstellung einer Goldkette aus Kordeln; aus: Mauro Cristofani/Marina Martelli: L'oro degli Etruschi. © Istituto Geografico DeAgostini, Mailand.
160 Skizze, die die Herstellung eines Drahtes aus einem Blechsteifen zeigt. Ebd.
161 Fibel aus Vulci (520 – 500 v. Chr.). München, Staatliche Antikensammlungen und Glyptothek.
162 Drachenfibel aus Marsiliana d'Albegna (675 – 650 v. Chr.). Florenz. Photo: Universität Regensburg.
163 Anhänger aus Vulci (650 v. Chr.). München, Staatliche Antikensammlungen und Glyptothek.
165 Skizze eines Stempels zum Stanzen in Goldblech; aus: E. Formigli: Appendice Technica; aus: Mauro Cristofani/Marina Martelli: L'oro degli Etruschi a.a.O.
167 Grab der Unterwelt, Tarquinia, (Detail), 4. Jh. v. Chr. Photo: Universität Regensburg.
168 Wandmalerei des François-Grabes aus Vulci nach einer Zeichnung von N. Ortis. Paris, Bibliothèque nationale.
169 Etruskische Grabanlage in Orvieto. Photo: Roger-Viollet, Paris.
170/171 Das Ceisinie-Grab in Tarquinia mit Zeichnern. Buchillustration aus: „Hypogaei or the Sepulchral Caverns of Tarquinia" von Byres, 1842. London, Victoria & Albert Museum.
172 Grabkammer der Volumnier, Perugia. Nach einer Zeichnung von J. Ainsley (1848). London, British Museum.
175 Buchillustration von J. Byres aus: „Hypogaei or the Sepulchral Caverns of Tarquinia" von Byres, 1842. London, Victoria & Albert Museum.
177 Eisgefäß in Form einer Ciste, Königliche Porzellan-Manufaktur Berlin (um 1790). Photo: Jörg P. Anders. © Schloß Charlottenburg, Berlin.
178 (oben) „Das Leben geht weiter" Objekt von Alberto Giacometti (1932), Gips, zerstört. © VG Bild – Kunst, Bonn 1993.
178 (unten) Leber von Piacenza. 2. Jh. v. Chr. Museo Civico Piacenz. Photo: Universität Regensburg.
179 (links) „Abendschatten", Bronzestatuette. 3. Jh. v. Chr. Museo Guarnacci Volterra. Photo: Martin Bentz, Regensburg.
179 (rechts) „Große Stehende", Bronzeskulptur von Alberto Giacometti (1949). © VG Bild – Kunst, Bonn 1993.

Register

Inhalt